小学生でラーメンの神様と会ってから20年――
僕は「味」と「心」を受け継いだ

ラーメンの神様が泣き虫だった僕に教えてくれたなによりも大切なこと

「お茶の水、大勝軒」田内川真介の変えない勇気

北尾トロ

もくじ

カバーイラスト　竹田嘉文
装丁　番　洋樹

まえがき

あなたは、〝ラーメンの神様〟と呼ばれた山岸一雄を知っていますか？

行列の絶えない超人気ラーメン店だった旧東池袋「大勝軒」の創業者で、十年前に他界してからも伝説のラーメン職人として語り継がれる業界のレジェンドだ。

ところで、あなたは、つけ麺を食べたことがありますか？

じつは、つけ麺を発明したのも山岸なのだ。この人がいなければ、そばの食べ方を中華風にアレンジした独特な食べ物が世に出ることはなく、我々はつけ麺のない世界を生きなければならなかったかもしれない。

「町中華探検隊」の隊長である私も、旧東池袋「大勝軒」には行ったことがなかった。「お茶の水、大勝軒」を取材で訪れたときに、かつて山岸が完成させた〝オリジナルの味〟を初めて食べ、酸味と甘みが加わった独特のスープとモチモチした手打ち麺に、つけ麺ってこんなにおいしいのかと驚かされたのだ。

でも、「どうして〝オリジナルの味〟と言えるのか」とあなたは疑問を抱くかもしれない。私もそう思い、店主の田内川真介に尋ねてみると、こんな答えが返ってきた。

「僕はマスターから『おまえだけは俺の味を変えるな』と言われて独立したんです」

え、どういうこと？　旧東池袋「大勝軒」からのれん分けされた店は他にもたくさんあるのに。

「そうですけど、オリジナルにもっとも近いのはうちだと思います」

田内川の店では、復刻版メニューと称する、ラーメンやつけ麺以外のメニューも提供している。これらは山岸が若い頃に作っていた町中華的な料理を再現したものだという。それらを含めて、いまや田内川は世界で唯一の、山岸の伝承者となっているらしい。

また、田内川は師匠を大切に思う頑固一徹なラーメン職人であるだけではなく、複数の店を運営するやり手経営者でもある。〝ラーメンの神様〟が作り上げた老舗の味を守りつつ、ビジネスとしても成功。二十九歳で独立して以来、かれこれ二十年近くそれを維持してきたのだ。そんなことがどうしてできたのかを知りたくて、私は「お茶の水、大勝軒」に通うようになっていった。

二〇一八年の年末、いつものようにつけ麺を食べていたら田内川が声をかけてきた。

「今度、復刻版味噌ラーメンの研究で長野へ行こうと思うんですけど、良かったら一緒にどうですか」

この一言をきっかけに、私は田内川の日常を追いかけることになり、目まぐるしく変わる状況がおもしろくて、何かあるたびにその場に出向くようになっていった。

そういう場面でも、この男はいつも師匠である山岸への尊敬の念を口にする。ピンチのとき、決断を迫られるときほどそうなるのだ。

この強い結びつきはどのように生まれたのだろう。山岸とは何者で、完成してから七十年経っても愛される味はいかにして作られたのだろう。田内川はどんな使命感を胸にその味を守ることにこだわり、人として、経営者として成長してきたのだろう。

考えてみれば、一緒にいる時間が長くなったわりに、まだ知らないことがたくさんある。

そろそろちゃんと訊いてもいい頃だと電話したら、明るい声が返ってきた。

「僕もマスターのことを話したくて仕方がなかったんです。知ってほしいことがたくさんあるから時間がかかりますけど、いいですか」

第一章

〝ラーメンの神様〟ってどんな人

【山岸一雄　プロフィール】

一九三四年、長野県中野市生まれ。中学卒業と同時に上京。旋盤工として働いた後、親の従兄弟である坂口正安の誘いでラーメン屋に転職。その才能は二十代で早くも開花し、独立した坂口が立ち上げた「中野大勝軒」で店長を務めていた一九五五年に、つけ麺のルーツといわれる「特製もりそば」を考案する。

一九六一年、独立して「東池袋大勝軒」を開業すると、噂を聞きつけたラーメン好きの間で評判となり、〝行列のできるラーメン屋〟になっていく。

トレードマークの白タオルを頭に巻いた柔和な表情で多くの客に親しまれ、いつしかラーメンブームをけん引する存在として、〝ラーメンの神様〟と呼ばれるようになった。また、味と人柄にひかれてやってくる志願者を快く受け入れたことでも知られ、数百人の弟子が同店で修業し、全国各地で出店した。

二〇〇七年、二十代後半から発症した下肢静脈瘤の悪化で引退。二〇一五年四月一日、心不全のため死去。享年八十。

「お茶の水、大勝軒」の店主である田内川真介（以下、真介と記す）というラーメン職人は、どこからその道に入り、どのような経緯で人気店の経営者になったのか。それを知るためにも、私は彼の師匠である山岸一雄という伝説の職人がどんな人物だったのかを知っておきたかった。

名人や達人ではなく、〝神様〟とまで呼ばれた山岸は、どこがそんなにすごかったのだろう。

〝ラーメンの神様〟を再評価したい

北尾　まずは山岸一雄さんのことから始めたいと思います。山岸さんは〝ラーメンの神様〟と呼ばれ、「つけ麺」という食べ物を考案して世に広めたことでも有名な人。そして、田内川さんの師匠でもあります。

真介　あれ、今日はトロさん堅苦しいですね。いつもは田内川さんなんて言わないじゃないですか。

北尾　たしかに喋りづらい。じゃあ真介さんにしよう。

真介　師匠のことも、トロさんは山岸さんと呼ぶけど、僕はこれまでマスターとしか呼んだことがないからそのままでいきますね。

北尾　昭和の呼び方だよね。昔は喫茶店でもスナックでも、経営者をマスターと呼んでいた。

真介　マスターは僕の唯一の師匠というだけじゃなくて、ラーメン業界を代表するレジェンドだと思います。あの人の弟子になっていなければ僕はラーメン職人にはなっていなかったし、独立して「お茶の水、大勝軒」を経営することもなかった。でも、有名人だからみんな知っているんじゃないですか。

北尾　それは業界内の話で、一般的には四十代以上なら名前くらいは聞いたことがありそうだけど、若い人や女性はそうでもないと思いますよ。

真介　なんか悔しいな。だけど、トロさんだってうちで初めて大勝軒のラーメンやつけ麺を知ったようなものだから、案外そうかもしれない。

北尾　山岸さんが亡くなって十年近く経ったいま、名前や顔を知らない人たちも増えている。だからこそ、山岸さんの味を忠実に受け継ごうとする「お茶の水、大勝軒」は貴重な存在になっているわけです。

真介　うちで食事をしておいしいと感じてもらうことは、マスターの味をおいしいと感じてもらうのと一緒。百%とは言わないけど、ある程度そうなっていると思います。

北尾　真介さんはいつもそう言うよね。まったくブレない。

真介　それはそうですよ。マスターの味をいかに忠実に再現できるかこそが、僕に与えられた使命だとずっと思ってやってきましたから。スープの出来がちょっと悪いと感じるときがあると、マスターに申し訳なくて落ち込んでしまうもんね。自分を許せなくなる。

北尾　お客さんがそこまで微妙な味の差には気づかずに満足して食べていたとしても、そういう問題じゃないということ?

真介　はい。マスターの作る料理はもう食べられなくて、〝ラーメンの神様〟の味をそのまま伝えられるのは僕だけになっちゃった。責任重大なんですよ。

北尾　弟子をそんな気持ちにさせてしまう山岸さんのすごさがどこにあるのか、それを足がかりにして、〝ラーメンの神様〟に決定的な影響を受けた弟子がどんな人生を歩んできたのかを振り返ってみたい。

真介　マスターが忘れられていくというのは残念すぎるし、すごい人がいたんだってことを知ってもらえるならいくらでも。どんな影響を受けてきたかなんて考えたことがないの

「醤油タレの風味に甘酸っぱさ」が加わった独特な味わいが特徴の「特製もりそば(つけ麺)」。あえて手切りで仕上げるもちもちでやわらかい自家製麺に、コラーゲンたっぷりのスープの旨味が絡みつく。

で、自分を知り直すいい機会になりそうです。

小学生でつけ麺の虜になった

北尾　まずは、真介さんがマスターのつけ麺を初めて食べたときのことを聞かせてください。

真介　マスターの元からは多くの弟子が独立していきましたが、僕が他の弟子たちと違うのは、十歳になる前から客として通っていたことです。自宅が豊島区の大塚で、「大勝軒」までは歩いていけたんです。店の存在を知ったのはもっと早くて、四歳のときでした。

北尾　そこから物語が始まってるんですね。

真介　僕は一九七六年生まれで、七八年に隣駅の池袋にサンシャイン60が開業しました。ある日、祖母がそこにあったおもちゃ屋に僕を連れて行ってくれて、そのときに「大勝軒」を初めて目にしてるんです。

北尾　歩いて行ったんですか？

真介　そのときは都電でした。その年ごろの子どもって、やっとよちよち歩きを卒業したばかりで、見るものすべてが珍しいでしょ。都電を降り、祖母に手を引かれて歩いていたら、大人が行列を作っているのが見えたんです。祖母に「あそこは何屋さん？」と訊いたら、よく見えなかったのか「ああ、あれはうどん屋だよ」と。ひらがなの読み方を覚え始めた僕には、看板に「もりそば」と書かれているように見えてたんですよね。でも、祖母には言えなかった。

北尾　実際には「特製もりそば」と書かれていたはずだけど、漢字は読めなかったんだね。

真介　祖母がちゃんと見てくれたとしても「ああ、あれはそば屋だよ」と言ったでしょうね。

北尾　でも、よくそんなことが記憶に残ってたもんだ。

真介　食いしん坊だからかなぁ。あんなに人が並ぶんだから、よほどおいしいんだろう、って。大好きだったミクロマンのフィギュアを買ってもらってはしゃいでたんですが、帰り道でまた行列が見えて強烈にインプットされちゃった。後から知ることになるんですが、それが「大勝軒」でした。

北尾　実際に初めて食べたのはいつだったんですか。

真介　それからだいぶ経って、小学校に入学してからです。僕のオヤジは、トンカツはここ、鰻はあそこ、寿司ならどこという具合に、気に入った店を見つけるとそこしか行かない〝決め打ち〟タイプの食道楽で、ラーメンは東池袋『大勝軒』だと決めて、毎週のように通っていたんです。

北尾　ラーメンも守備範囲だったのが幸運でしたね。

真介　はい。オヤジはいつもひとりで食べに行くんだけど、気が向くと僕を連れ出すんですよ。それで、小学生になったある日、ついに「大勝軒」にも連れて行かれて。案の定、大行列で一時間近くも並ばされました。子連れでよく並ぼうなんて思いますよね。でも、並んでいたら、「あっ、あのとき見えた行列の店だ」と気づいて、そのとたんにワクワクしてきた。

北尾　よく思い出しましたね。で、店内ではどこに座ったんですか。

真介　カウンターでした。旧東池袋「大勝軒」は家族経営の町中華からスタートした十坪ほどの小さな店で、厨房のほかには、奥に居間とトイレ、店外に製麺室がありました。客席のスペースは七坪ほどしかなかった。L字カウンターは奥から五席、短いほうが三席。ほかに四人掛けのテーブル席が二つあって、最大でも十六人しか入れません。

北尾　それで、すぐに行列ができるんですね。

真介　あのときは、オヤジがL字の奥から三番目で、僕が四番目でした。どうしてわかるかというと、L字型の角のあたりに麺茹での鍋があって、そこに立つマスターが目の前にいたから。厨房とカウンター席の間は、熱湯が飛ばないようにガラスの引き戸で仕切られていて、それをよく覚えてる。

北尾　その日は何を食べたんですか。

真介　「お父さんはラーメンだ。真介も同じでいいか」とオヤジが言うので、壁の品書きを眺めて「あそこに書いてる特製もりそばって何？」と尋ねたら「わからない」って。オヤジは毎回ラーメンしか食べてなくて、つけ麺に挑戦したことがなかったんですよ。

北尾　で、ラーメンにしたんですか。

真介　僕は猫舌で熱いものが苦手だったんです。オヤジもそれを知ってたから、「よくわからないけど、ここの看板メニューの一つだ。熱々じゃなさそうだから、おまえでも食べられる」ということで人生初のつけ麺を食べることになりました。そうしたら、これがもう……小学生ながら世の中にこんなおいしいものはない、って心の底から思いましたよ。

北尾　小学生にして、人生最高の味を知ってしまったんだ。そのとき、山岸さんは何か声をかけてくれたんですか。

真介　会話はなかったです。もう食べることに夢中で……、とにかく量が多くて格闘してたのを覚えてる。マスターは「ボリュームも味のうち」って、よく言ってましたが、普通盛りでも他店の一・五倍はあるんです。とても子どもが食べ切れる量じゃなくて、半分くらい残しちゃった。でね、子どもって、そういうのが悔しいでしょう。今度こそ食べ切ってやるって、また連れて行ってもらうようになって、気づいたら最年少の常連になってました。僕に影響されて、オヤジもいつの間にかつけ麺好きになってしまった。
北尾　小学生の常連なんてなかなかいないから、山岸さんもすぐに覚えてくれたでしょう。
真介　僕が行くと、いつも気軽に声をかけてくれて、かわいがってもらいました。ただ、待っている人が多いし、みんなそそくさと食べてすぐ帰るのが流儀だったので、マスターがお客さんと話してるのはあまり見たことなかったな。それ以降、修業に入るまで、ほぼつけ麺しか食べなかった。ラーメンは数回ですよ。いま思い出しても、とにかく旨かった。
北尾　ひとりで行くようになったのはいつ頃からでしたか。
真介　高校生になってからです。いつも店の前には相変わらず行列ができていたけど、その頃にはもう、僕は並ばないでも食べられるようになってました。常連には〝脇〟で食べられる特権があったんです。
北尾　〝脇〟って何ですか。
真介　店の外にある、テーブル代わりの蓋つきの大きなゴミ箱の上です。もちろん正式な客席じゃないんだけど、そこでなら一時間も待たされることなく五分くらいで食べられた。得意になって友だちを誘って常連の特権を見せつけたりしてましたね。
北尾　ツウぶってる。マジメに並んでいる客からしたら気に食わない高校生だ。
真介　調子に乗って、やっとできたガールフレンドとの初デートでも映画館や遊園地じゃなく、〝脇〟こそがセンスの良さを発揮できる場所だと思い込んで「大勝軒」に招待したんです。

北尾 それは……。

真介 「おいしいけど、中で座って食べたかったわ」って、彼女とはそれっきり自然消滅。それでも、反省するどころか、好きになる相手を間違えただけだって開き直ってました。次は〝脇〟でつけ麺を食べるのをおもしろがってくれる彼女を作るのだ!、って。恥ずかしすぎる過去ですよ。

北尾 懲りないタイプだったんだ。でも、そんなに通い詰めて、つけ麺への愛が強かったんだったら、マスターのような職人になりたいとは思わなかったの。

真介 食べることにしか興味なかったですね。まさか自分が十数年後にここで修業することになるなんて思いもよらなかった。

「お茶の水、大勝軒」の店主は謎だらけ

北尾 ところで、真介さんは山岸さんからはどう呼ばれていたんですか。

真介 「田内川」と苗字で呼ばれたことがないんです。客として食べに行っていた中高生

の頃までは「ボーイ」と呼ばれていて、弟子入りしてからはずっと「真介」でした。

北尾　「ボーイ」は近所の少年って感じだけど、「真介」になるとグッと距離が縮まったようにも思える。

真介　そういえば、僕はトロさんのことはなぜか初めて会ったときから「トロさん」って名前で呼んでましたね。

昭和の匂いがする中華店を研究するグループ「町中華探検隊」を結成して、さまざまな店を食べ歩いていた私が、真介と知り会ったのは約七年前。彼の店が所属する「丸長のれん会」に招待されて飲み会に行ったのが始まりだった。そのときは「お茶の水、大勝軒」はラーメンとつけ麺の専門店だと思い込んでいたため、取材対象とは考えなかった。

しかし、半年ほどしてから食べに行ってみると、カレーや焼きそばもある。どうやらこの店では、山岸がかつて出していたメニューを復刻しているようなのだ。復刻という独特の切り口や、忙しいときに訪問しても嫌な顔一つ見せない真介の人柄に興味を抱いた私は、それからちょくちょく店に顔を出すようになっていった。

真介　僕とトロさんが頻繁に会うようになったのは、「復刻版味噌ラーメン」の開発をしていた頃からでしたね。味噌ラーメンをやるからには、マスターの出身地である信州に行く必要があると考えていたら、当時、松本市在住だったトロさんが「じゃあクルマを出しましょう」と言ってくれた。知り合って間もない人に運転手をさせちゃってすみませんでした。

北尾　いや、密着取材できて楽しかったですよ。あの日を境に真介さんを見る目が変わって、ラーメン職人や経営者として興味がさらに湧いてきた。

真介　僕は逆に、この人はどうして自分なんかに興味を持つんだろうって、ずっと不思議でした。なぜだったんですか？

北尾　ラーメン屋なのに、ラーメン以外のカレーや焼きそばといった町中華的な復刻版メニューを完成させることに執着していて、なぜかそこにビジネスの匂いがしなかったからかな。

真介　へぇー、そんなふうに感じてたんですね。これでも一応はいろいろ考えてるつもりなんだけどなぁ。それに僕は注目に値するような特別なことはなにもしてないですよ。

北尾　いや、それからも言動を観察するようにしてたんだけど、知れば知るほど普通のビジネス感覚では理解できない謎が次々と出てくる。

私が真介と出会った頃、彼は義理人情に厚い昭和の職人のように思えることもあれば、業界で独自のポジションを確立したやり手経営者然としているときもあった。人懐っこくて社交的なようで、気難しい一面を持ち合わせてもいそうだった。

そしてなによりも、自分の味に絶大な自信を持ち、かつて山岸が出していた町中華的なメニューの復刻には執着するのに、独自のオリジナルメニューの開発には無関心。成功も失敗もごちゃまぜにしつつ前進し、結果的に良い方向に物事を収めてしまう。

これまで多くの町中華の店を取材してきたが、こんなタイプの店主には出会ったことがなかった。私はこの田内川真介という男の多面性や得体の知れないすごみには何か秘密がある、おもしろそうだと好奇心がうずいたのだ。

真介　僕のほうこそ、トロさんっていったい何者なんだろうって、ずっと思ってましたよ。自分の仕事に興味を持ってくれるのがうれしい反面、僕よりすごいラーメン職人や経営者はいくらでもいる。この人はそれをわかっているのかなぁって、心配になったりもしました。

北尾　ちょうどタイミングよく、『お茶の水、大勝軒』や真介さんの激動の時期にぶつかったのかもしれないよね。後で詳しく訊くことになるけど、二〇一九年頃から二〇二四年にかけてのおもな出来事を並べるだけで、山岸さんの故郷である山ノ内町のスキー場への出店を皮切りに、フランチャイズ店経営者とのトラブルや閉店騒ぎ、仕切り直しを経た山ノ内町への再度の出店、その成功による通年営業の実施、ビルの建て直しによる本店の撤退、コロナ禍の経営危機、元従業員から起こされた裁判、二四年の本店の復活劇まで、ドラマの原作にでもなりそうなことが立て続けに起こっていく。会うたびに状況がコロコロ変わるので、目が離せなくなってしまった。

真介 人が悪い……。僕が悪戦苦闘するのをおもしろがっていたんですね。

北尾 真介さんがどう進んでいくのか見届けなきゃ気が済まなくなっちゃった。

真介 まあ、この数年間の激変で、考えてもいなかった方向に人生が動いてしまったのはたしかです。山ノ内町への本格進出で、完全に流れが変わりました。

北尾 あの頃、「やるしかないと思うんですよね」と自分に言い聞かせるように口にするのを何度も耳にしました。内心では怖かったんじゃないですか。

真介 もちろんビビッてました。僕は本来、大胆な人間ではないんです。気の小さなひとりっ子で、幼い頃からなにかあるといつも泣いてばかりいましたから。それでもやらなければならないと思ったのは、自分がマスターに導かれていると強く感じたからなんです。

「自分らしさなんていらない」

北尾　出た！　真介さんはよくそのフレーズを口にします。導く人は必ず山岸さん。

真介　だって、そうとしか思えないことが起きちゃうんですよ。僕は運命に従ってレールの上を走っているだけだって信じることで、迷いを振り払っているのかもしれません。

北尾　山岸さんを尊敬している弟子はほかにもいるでしょうが、真介さんが特別なのは……。

真介　独立するときにマスターから「真介、おまえだけは味を変えるなよ」と言われたことですかね。それまでに独立していった兄弟子にはそんなこと一度も言ったことがないのに、なぜか僕だけに。

北尾　なんで真介さんにだけ言ったんだろう？

真介　その理由について、マスターはとうとう教えてくれませんでした。

北尾　わざわざ指名するのは、山岸さんが「こいつなら」と見込むだけのなにかがあったからじゃないですか。でも、その期待は修業を終えたばかりの弟子にとっては重荷にもなりえますよね。

真介　前例のないことでしたから驚きましたけど、選ばれたことへの喜びもあって、期待を裏切りたくない、やるしかないのかなと思ってしまった。それで成功できるならラッキーなのかもしれないとさえ思ってました。自由を奪われたとは感じなかったなぁ。

北尾　とはいえ、相手は天才的なラーメン職人。真似するだけでは劣化コピーにしかなれないですよね。

真介　その通りです。そもそもレシピはマスターの頭の中にしかなくて、真似すらできないんだから、もう直接指導を受けるしかない。

北尾　じゃあ、すぐに習得できたわけではなかった？

真介　そんなの絶対に無理です。独立してからも、マスターと二人三脚でもがきながらやってました。多少なりとも自信を持てるようになったのは、この数年ですよ。

北尾　修業期間が基礎編だとしたら、味を受け継ぐための実践編が延々と続いていたんですね。その時期に何か考え方に変化があったりしたのかな？

真介　遅ればせながらマスターの本当の意味でのすごさがやっとわかってきた。技術が優れているのはわかっていたけど、むしろそれ以外の部分こそが「味」につながっている。スープでもなんでも、まったく同じように作ったつもりなのにマスターのほうがおいしいのは、山岸一雄という人が作るからなんですね。同じレシピでラーメンを作っても、百人いたら百種類のラーメンができる。

北尾　じゃあ、真介さんがいくらがんばっても山岸さんと同じ味にはならないということ?

真介　ならないです。だけど、レシピでは書き表すことのできないマスターならではのやり方を少しずつでもつかんでいけば、マスターの作るオリジナルにかぎりなく近い味を提供することはできるじゃないですか。最高の味がそこにあるのだから、凡人の自分はひたすらそれを追い求めればいい。どういうことかというと、「自分らしさなんていらない」ってことですよ。

北尾　えっ、いらないの?

真介　はい。これは今だからやっと言えるようになったことですけどね。修業時代は、さっさと独立して自分流のやり方で一発当ててやろうなんて野望も抱いてました。

北尾　いつしか別人のような考え方になっちゃったんだ。これも山岸さんの指導ですか。

真介　いや、マスターはああしろ、こうしろと口うるさく言う人じゃなかったから、接しているうちに自然とそうなったんでしょうね。

北尾　その話はうらやましい。身近なところに〝永遠のスター〟がいて、その人が仕事だけじゃなくて人生の師匠にもなったんだ。なるほど、疑問が少し解けてきた。

真介　どんな疑問があったんですか。

北尾　さっき話していた、真介さんの思考パターンについてです。事あるごとに真介さんが「マスターに導かれている」と言うのを私は、自分が前に向かうための呪文のようなものだと思ってました。でも、ちょっと違ったみたいですね。ふたりの関係はもっと強固なもので、ほとんど一体化しているんじゃないかな。真介さんの中には山岸さんがいつでもいて、大黒柱のようにどーんと立っている。そんなイメージがふくらんできた。

真介　その感覚はありますよ。普段から、「マスターならこんなときどうする」とつい考えてしまう。声には出さないけど、僕がいちばんよく会話をしている相手かもしれない。心の中にいるマスターの声に従えば大けがはしないという安心感があるんですよね。自分ではヘンだと思ったことはないですけど、特殊な関係と言われたらそうなのかな。

〈神田カレーグランプリ〉にラーメン屋があえて挑む

北尾　山岸さんへの思い入れを強烈に感じた印象的な出来事があったのを思い出した。

真介　え、なんだろう。

北尾　〝神田カレーグランプリ準優勝事件〟です。あれには驚いたなぁ。

真介　事件だなんて大袈裟でしょ。あのイベントに初めて参加したのは二〇一六年でした。

北尾　そのグランプリのときの様子を動画で見せてくれた真介さんが、すごく楽しそうに話しているのを聞きながら、私にはかなり違和感があって。

真介　テレビのドキュメンタリー番組になったのを見てもらったんでしたよね。僕、なにかヘンなこと言ってましたっけ。

北尾　いや、そうじゃなくて、ラーメンでもつけ麺でもない、カレーの味を競うイベントに出場すること自体にまず驚いたんです。「えっ、なんでカレー？」って。それも神保町は日本でも指折りのカレー激戦区でしょう。だから、いまひとつ真介さんの話に乗り切れないものがあった。

真介　そうだったんですか。

北尾　でも、だんだん引き込まれてしまったのは、画面から伝わってくる熱量がすごかったからなんですね。その頃はまだ、私は山岸さんと真介さんのことを、よくある師弟関係だと思っていたけど、よく考えると不思議な話なんですよ。どうしてラーメン屋があえてカレーのグランプリに出なくちゃならないのか。しかも、動画の中で真介さんは激しく優勝を意識していたでしょう。

真介　出るからには勝つしかない！

北尾　結果は惜しくも準優勝でしたけど、カレーの名店がひしめく神保町で二番目なら上出来じゃない。それなのに真介さんは満足せず、翌年も出場してグランプリを目指した。理由を尋ねると「優勝しないとマスターに恥をかかせることになるから」って即答した。

真介　本気でそう思っていたんですよね。

北尾　すんなりとその答えが出てくるところに、山岸さんと真介さんの独特な師弟関係が表れている気がしてならないんだけど。

真介　そんなに変わってますかねぇ。

真顔であたりまえのことのように話す真介だが、そもそも神田カレーグランプリへの参加そのものが、掟破りの挑戦なのだ。

このイベントはその名の通り、カレーの街として知られる神田・神保町界隈の店から選ばれた二十店が、訪れた客の投票で人気ナンバーワンを決めるイベントだ。参加店が優勝の栄冠を目指すのは、看板メニューであるカレーの実力を示すためである。しかし、「お茶の水、大勝軒」だけは違った。山岸さんの名誉を守るための参加なのだ。しかも、一度のみならず二度までも参加している。この執念はどこから生まれてくるのだろう。

真介　優勝して話題になればお客さんが食べに来てくれるという商売上のもくろみは当然ありましたけど、ほんとうの狙いはそこじゃない。うちが出しているのは、かつてマスターが作っていたカレーの復刻版。ここで敗けちゃったら、マスターの昭和っぽいカレーが、いまの時代に通用しないというレッテルを貼られるじゃないですか。

北尾　準優勝ではだめだと。

真介　やるからには絶対に優勝のインパクトが欲しかった。

北尾　「お茶の水、大勝軒」はラーメンとつけ麺ですでに大人気なのに、わざわざカレーで目立つ行動に出たのはなぜなんだろう。

真介　僕の中では強い動機があったんです。また詳しく話す機会がありそうだから簡単に説明しておくと、二〇一五年にマスターが亡くなった後、「東池袋大勝軒」グループでは分裂騒動が起きて、僕はグループを離れて仲間たちと「味と心を守る会」を立ち上げることになりました。

北尾　週刊誌で取り上げられて、ちょっとした騒動にもなりましたね。

真介　ワイドショーのネタにもなって、コメンテーターのテリー伊藤さんから「番組で味の勝負をしろ」と言われたりもした。僕はそれでもいいと思ってたんですけど、結局、実現することはなく、いつの間にかうやむやになっちゃった。じゃあ、自分が受け継いだ味が本物だと証明するには、何かの大会で結果を残す以外にないんじゃないか、というのが参加をするに至った根本にはありました。

北尾　とはいえ、神田カレーグランプリは、日本でも有数のカレーの街である神田を盛り上げようと始められたイベントで、第一回優勝の「欧風カレー ボンディ 神田小川町店」を皮切りに、名だたるカレーの名店が優勝している人気イベントでしょう。

真介　そうなんですよ。専門店でもないのにいきなりのこのこ出ていって地場を荒らしたら、「ラーメンだけやってりゃいいんだよ」と思われますよね。じつは、社員からも「専門店に勝てるわけがない」と大反対されました。当時、うちでは復刻版カレー中華（カレーラーメン）はあったけど、カレーライスはやってなかったし。

北尾　〝ラーメンの神様〟の弟子がどうしてカレーなんだ。しかもメニューにもなってない新規開拓商品……。私が社員でも反対票を入れたい。

真介　ただ、かつてはマスターもカレーを出していて、当時のレシピはあったんです。ラーメンとつけ麺が人気になりすぎて、やむなくメニューをその二つに絞っただけで、町中華で修業したマスターは何でも作れた。

北尾　何を作らせてもピカイチなんだ。

昔のメニューの復刻は与えられた使命

真介　傍らで修業をしていてわかったんですが、マスターには町中華メニューへの未練があったんです。だからこそ、昔のメニューを復刻させることも僕に課された使命だと言い聞かせてきました。僕が初めてテレビに出たのは復刻したカレー中華（カレーラーメン）が取り上げられたときで、それなりの評価も得ていたから、もう少しブラッシュアップすれば行けるだろうという気持ちはありました。

北尾　中華の店が殴り込みをかけたらおもしろいという経営者的な発想もあったのかな。

真介　はい、もちろん。復刻版カレーライスをメニュー化して、話題性で勝負を懸けてもいいいんじゃないかと。自信？　あったんですよ。僕のじゃなくてマスターのカレーなんだから行けるんじゃないかと思ってました。

北尾　真介さんには師匠への絶対的な信頼感があるよね。

真介　マスターのレシピに関しては、そのときまでにタンメンと餃子、シュウマイも復刻していて、専門店でも出せるくらいの評価を得ていたし、旨いという自負があった。だから、マスターが作ったものなら第一線で戦えることが僕にはわかっていた。でも社員はそこまでわからないから意見が割れたんです。

北尾　挑戦にあたって、戦略は練ったんですか。

真介　前年のグランプリでカツカレーが優勝していたので、まずカツカレーを出すことにしました。あと、老若男女の幅広い客層には、うちのような昔ながらの甘口カレーは有利になるという計算もありました。悪くてもベスト3には入れるだろうと。でも、目標は優勝しかなかった。

北尾　味は師匠の再現に徹し、その一方でグランプリで名をあげて店の人気メニューにしようとする商売の意識も高い。昭和っぽい師弟関係とビジネスマン的な発想のギャップに、真介さんの職人気質と経営者の資質が同居しているようでおもしろい。

真介　そんなふうに言われるのは初めてです。最近でこそ「お茶の水、大勝軒」の名前が浸透してきたけど、独立してから長い間、僕がアンチにどう言われていたか知ってます？

北尾　アンチだから、かなり辛辣なんだろうね。

真介　「田内川は山岸一雄の後継者を気取り、一番煎じのようなことをしている」ですよ。

北尾　もし私が師匠の名前で金儲けしたいなら、ラーメンとつけ麺に専念するよね。

真介　そうですよ。もう気にしなくなりましたが、いまだに僕を金の亡者だと思っている人がいるんじゃないかな。

北尾　お金は大事だけど、「そんなことのために生きてるんじゃないぞ！」っていう心意気ですね。

真介　なんのためにがんばっているのか、事情も知らないくせに無責任な外野はいつも勝手なことばかり言う。

北尾　忘れかけていた怒りがフツフツと。その気持ちはわかるなぁ。

味の決め手は大量のタマネギと魔法のスープ

北尾　話をカレーに戻しますね。山岸さん流のカレーライス、味の決め手は何ですか。

真介　タマネギを大量に炒めるところです。焦げる寸前まで炒めることでコクとか味の奥行きが違ってくる。材料はタマネギ、豚肉、ニンジン、じゃがいもだけ。

北尾　ごくありふれた材料なんだ。

真介　順番はタマネギを炒め、ラーメンスープで煮込んでいる間に豚肉を炒めて加え、ニンジンとスパイス系のルーを入れる。煮崩れ防止のためジャガイモは最後。仕上げに小麦粉でとろみをつけたら完成です。シンプルなだけに、ごまかしがきかない。

北尾　ルーはオリジナルを使いますか。

真介　いや、S&Bの赤缶に少し隠し味を入れるくらいですね。
北尾　失礼ながらあまりにも普通すぎて、とても優勝を狙えるようには思えない。
真介　家庭でも作れそうでしょう。でも、できそうでできないのはマスターが作り上げたスープが入るからでしょうね。これで仕上がりがまったく違ってくるから。
北尾　まさに、魔法のスープだ。で、本番はどんな戦いになったんですか。
真介　予選投票の結果、二〇一四年に優勝した「100時間カレーB&R 神田店」とうちの一騎打ちになりました。
北尾　記録を見ると、二〇一六年の来場者数は四万五千人。膨大な来場者に対して、どのくらい仕込んだんですか。
真介　二日間の開催なので、一日千食を想定して二千食分の準備をしました。出すのはハーフサイズだから一皿百グラム、計二百キロ。店の通常営業を終えてからタマネギを炒め始めて、大きな寸胴で煮込んでいくので徹夜に近い仕込み作業を五日間続けました。これだけ仕込んでおけば大丈夫だと思ったのに、ふたを開けてみたら朝から大行列で用意した二千食が一日でなくなってしまった。焦りましたよ。初日が終わってから徹夜でまた二千食作ったから、もう地獄の忙しさでしたね。
北尾　それはすごい売り上げだ。単価五百円で四千食だと二日間で二百万円にもなる。

真介　数字だけ見たらそうですけど、応援スタッフを十五人も呼んでの総力戦でしょう。もうその日の売り上げでどうこうの話じゃないですよ。ストックが底を尽きそうになってテンパっちゃうし、身体はボロボロだし。しかも、そこまでやって準優勝だったんですよ。

北尾　初出場で二位なら山岸さんもホメてくれそうなものだけど、そこで満足しないんだ。

真介　反対していた社員たちもお祭りムードで盛り上がってくれて、一体感を生み出せたのはよかったけど、僕は負けず嫌いだから悔しくてたまらない。敗れた瞬間に「このままじゃ終われない」って、翌年の参加を即決しました。そのときにはもう社員たちも僕と同じ気持ちになってくれていた。

北尾　準優勝によって、店への波及効果はありましたか。

真介　明らかにカレーライスの注文が増えました。人気は相変わらずラーメンとつけ麺で、そこにカレーという選択肢が増えた感じ。それがいいんですよ。

北尾　三つ目の柱ができたんだ。

真介　マスターの実力を準優勝で少しは証明できたのは嬉しかったですけど、やっぱりどうしても優勝にこだわりたかった。

よこすかカレーフェスティバル

北尾　悔しさをぶつけた翌二〇一七年の神田カレーグランプリで「お茶の水、大勝軒」は激戦を制して念願の優勝を果たすんだよね。

真介　前年の敗因だった仕込みの量もわかったし、注文を受けてから提供するまでの待ち時間が短縮できそうだったので、大本命に推されてもプレッシャーはなかったですね。あとは、マスターの味を保持するために仕込んだ分を冷凍したり、接客のオペレーションを磨けば十分に勝てるだろうと思ってました。

北尾　冷静に勝利をつかみ取った感じだったんですね。

真介　はい。優勝した感想は「ホッとした」の一言に尽きます。挑戦してよかった。優勝する力があるのに準優勝で引き下がっていたら後悔するでしょう。あとね、自信になりましたよ。受け継いだ味をしっかり自分のものにできていることが証明できたから。それは優勝してこそ思えることです。準優勝ではマスターにホメてもらえない。やっぱり「真介、よくやった」と言ってほしいんです。

北尾　普通なら、「優勝だ、でかしたぞ、オレ」となりそうなところ、真介さんは山岸さ

2017年の神田
カレーGPで優
勝を果たした
「復刻版カツラ
イスカレー」

んに喜んでもらうことだけを自分の励みにしているのが独特なんだと思う。なにしろ身体の中に山岸さんが棲んでいる人だから。

真介　またそれを言う。とにかく僕はマスターの不思議な力を信じてます。

北尾「いつも心にマスターを」の精神で生きている真介さんに、二〇一九年に今度は神田カレーグランプリ優勝店として新たなオファーが舞い込んできましたよね。

真介　はい。第一回「よこすかカレーフェスティバル」にお誘いいただき、参加することになりました。

北尾　そのときに、「こんなオファーが来たんですよ」とニコニコ笑って企画書を見せてくれましたよね。口では「どうしようかな」なんて考えてる素振りではあったけど、私に相談するまでもなく腹は決まっていたようで、すぐに参加の意向を示していた。

真介　またトロさんに突っ込まれそうですが、横須賀でカレーときたら断る理由が見当たらないんですよ。

北尾「よこすかカレーフェスティバル」は横須賀、神田、下北沢のカレー自慢の三店で、カレー焼きそばを競うイベントで、「神田カレーグランプリ」とは比べものにならないくらい規模が小さくて、お祭りの目玉イベントぐらいにしか思えない。場所も遠いから、難色を示すかと思えばまさかの快諾。「マスターがつないでくれた縁だから参加する」と、やる気になってましたよね。

真介　マスターはお父さんが海軍に所属していた関係で、幼い頃に数年間、横須賀で暮らしたことがあったんです。マスターの作るカレーの原点は当時食べた横須賀の海軍カレー。だから、横須賀には思い入れが強くて、そこで覚えた味の記憶をたどって自分のカレーを完成させたと聞いています。どう考えたって、参加しなかったらマスターが悲しむ。

北尾　それを知った主宰者側が、数ある神田カレーグランプリ優勝店の中から「お茶の水、大勝軒」に白羽の矢を立てた？

真介　それなら説得力があるんだけど、実際はそんな事情は知らずに声をかけたみたいで。言い方を変えると、主宰者は予備知識もなく、たまたまうちにオファーしたことになる。これを単なる偶然と片づけることもできるでしょうが、それにしては出来すぎていると思いませんか。だから、僕はこれは運命だ、マスターに呼ばれたんだって思ったんですよね。「真介、今回は損得勘定抜きで出てくれ」って。

北尾　そのストーリーだと横須賀の店にあえて花を持たせそうな流れだけど、ちゃっかり栄冠はいただいて帰るのが真介さんらしい。

真介　そこはやっぱりね、僕は負けず嫌いですから。焼きそばはすでに復刻させていたので、カレー焼きそばもさほど難しくはなかった。それに、こっちには〝ラーメンの神様〟が作り上げたラーメンスープがある。それを使って敗けるわけにはいかない。

会心のスープはめったに作れない

北尾　山岸さんがどうやってスープを開発したか、そのやり方を尋ねたことはありましたか。

真介　僕はマスターの作業の流れを見たり断片的な話を整理しながら材料や手順を頭に入れていったんですけど、それ以上のことは訊きようがない。マスター自身も、最終的には自分の舌で確認しながら微調整していくスタイルでしたから、訊いたところで「研究の成果だよ」としか答えようがないと思う。マスターは雑誌でスープのレシピを公開したことがあるんですけど、その通りにやってもせいぜい〝山岸風〟になるだけでしょう。実際には、レシピでは言い表せない日々の試行錯誤によってスープの味が決まってくるんだから。

北尾　何度も失敗を繰り返しながら「これだ！」と納得した味や風味を身体に覚え込ませる以外の近道はないんだ。

真介　二十年近くやってきたいままでも、すべてがピタッと決まった会心のスープを作れることはめったにないです。進歩したとしたら、アベレージが上がったこと。ダメなスープはすぐわかります。

北尾　たどり着くのは大変だけど、正解がわかっている。間違いなく進歩だ。

真介　だといいんですけど。

運命の分かれ道があるとしたら、独立するに際して、まさに真介はそこにいたことになる。もし、「俺の味を変えるな」という山岸の命に逆らって「自由にやりたい」と答えていたらと想像してしまうのだが、実際にはそんな考えが真介の頭をよぎることはなかったらしい。

ただ、真介は修業を終えるにあたって自分なりの独立プランを考えていたという。

真介　じつは、僕には僕の考えがあって、「大勝軒」での修業を終えたら他店でもう少し勉強して、料理のレパートリーを増やそうと考えていたんです。だけど、これって浅はかな考えで、マスターの味さえしっかりと身についていない状態で他店へ行っても、結局どっちの味も身につかず、中途半端なまま独立して早々に閉店していたでしょうね。

北尾　でも、意欲があったからこそ、もっと学びたいと考えたんじゃないの？

真介　いや、自信がなかったんです。そのくせ、一刻も早く独立したいと焦っていた。

北尾　そんなに自己評価が低かったなんて思いませんでした。

真介　当時の僕は〝甘ちゃん〟でしたもん。自分ならうまくやれるだろうと根拠のない自信だけはあっても、本心では怖くてしょうがない。マスターはそんなこともすべてお見通しだったと思います。

北尾　じゃあ、実力的にも性格的にも好き勝手させるのは危なっかしいのに、それでも自分の味の後継者に真介さんを指名したのは、山岸さんだけが気づいていた素質があったということなのかな。

真介　どうなんですかね。

　山岸が「味を変えるな」と言ったのは、自分に匹敵する料理人としての才能を真介に見出して、自分の味を託せると思ったからではなかっただろう。才気あふれる料理人なら独自の味を追求して能力を開花させ、新たな道を求めて独立していくものだ。

　かといって、山岸ほどの職人が、従順なだけの弟子に大切な味の継承を託すとは思えない。真介自身も、なぜ自分だったのか、いまだに答えがわからないという。

人間力のカタマリ

北尾　いずれにせよ、「おまえだけは味を変えるなよ」という一言に、進む方向を決定づけられたわけですね。

真介　僕の人生であれを超える言葉はありません。……どうしましたか？

北尾　つい、そのときの情景を思い浮かべちゃって。熱血ドラマのワンシーンみたいだよね。突然言われた真介さんが、「えっ？」と呟いたまま固まっている場面。

真介　実際にそうでしたよ。でも、尊敬する師匠に言われたら「はい」と答えるしかない。

北尾　圧がかかる感じだったのかな。「真介ならできる」と説得されたりは？

真介　一切なかったです。マスターは師匠ぶらない人で、とにかく誰に対してもエラそうにしない。うーん何て言えばいいのか、人間力のカタマリみたいな人でした。

北尾　人間力のカタマリとは？

真介　圧倒的な安心感、ですかね。マスターと一緒にいれば必ずうまくいくと信じられる。

北尾　それが続いて、山岸さん亡き後も心の中にずっといるんですね。

真介　僕にとってのお守りみたいな存在なのかも。

北尾　現在、真介さんはその山岸さんの遺志を継いで、町中華だった時代のメニューまで含めてオリジナルの味を再現して、ビジネスとしても成功を収めている。

真介　まだまだ半人前ですけど、〝ラーメンの神様〟の味をお客さんに伝えて、楽しんでもらえているという自負はやっと出てきました。

北尾　そうなったのはいつ頃からですか。

真介　二〇一五年にマスターが亡くなり、味に関する責任を持たなければならなくなってからですね。そこから試行錯誤して、ようやくここ二、三年で安定してきたかな。ただ、いまでも不安はあるから常連さんにチェックしてもらうんですけどね。

北尾　いまも常に応用力が問われている。

真介　はい。マスターは、「慢心」が成長を止めるとよく言ってましたが、それにしてもなんて厄介な宿題を遺していってくれたんだ、とたまに恨むことがありますよ。

バイブルは師匠の著書

真介　「マスターはどんな人だったんだろう」「どうして自分に『味を変えるな』と命じたんだろう」なんて、普段はゆっくり考える機会がないから、今日はすごく楽しいです。でも、トロさんは興味を持ってくれたみたいだけど、僕はマスターと違って特別な人間ではないですよ。

北尾　だからいいんです。真介さんという料理人は、真介さんでありながら山岸さんでもある。それが徹底しているのがおもしろい。

真介　なんだかややこしいなぁ。

北尾　だって私たち客は、真介さんが作っているのに、これこそが山岸さんのラーメンだ、つけ麺だと思って食べているわけですよね。しかも、当の本人が目指すのもそこだったりする。

真介　はい、それしか目指していないですからね。

北尾　もし。「お茶の水、大勝軒」は田内川真介の味だと言われたら？

真介　まったく嬉しくない。それだけは勘弁してほしいです。

北尾　そんな飲食店の経営者っています？　普通なら独自の味として評価されたら、誉め言葉として受け止めるはずでしょう。どうしてそうなってしまったのか不思議でならない。

真介　そんなもんですかね。まぁ、僕のことはいいからマスターの話をもっとしましょうよ。今日は僕のバイブルでもあるマスターの著書も用意してきたんです。

北尾　『東池袋・大勝軒のオヤジさんが書いた　これが俺の味』（あさ出版　２００３）です

ね。私も読みました。本のあちこちに黄色いマーカーで線が引かれていますね。

真介　修業期間に、マスターの考えが知りたくて、大事だと思う箇所に引きながら何度も読み返してたんです。

北尾　おおよその流れは知ったうえで修業に入ったと思っていました。

真介　知らないことばかりでしたよ。修業中の若造が師匠に根掘り葉掘り聞くなんてできません。僕が修業に入ったとき、マスターは持病が悪化してめったに厨房に入らず、スープの確認をする程度でしたから、直接に指導を受けることはほぼなかったんです。トロさん、マスターの本はどうでしたか。

北尾　昭和の叩き上げのラーメン職人が、ラーメンの話を中心に人生を語る内容で、山岸さんの誠実な人柄が伝わってきました。

ラーメンの神様の来歴

八歳のときに父親が戦死して横須賀から信州に戻ることになった山岸は、子どもながらに、一家の長として母親と妹の面倒は自分が見る、と覚悟を決め、中学卒業後すぐに上京して旋盤工として働き始める。まずは食うこと、生きること。仕事を選ぶ余裕などなかった。

転機がやってきたのは十七歳のとき。母方の従兄弟で、兄のように慕っていた坂口正安に誘われて、彼が働いていた阿佐ヶ谷の「栄楽」に入った。

「栄楽」は、戦後の町中華を語る上で外すことのできない丸長グループの店である。丸長の〝長〟は長野県の長。山岸の故郷である長野県の山ノ内町の人たちが上京して、荻窪を中心に店を立ち上げていった老舗のグループは、日本そばの出汁をヒントにして、鯖節などをラーメンに用いたスープの発明で革命を起こす存在になったことでも有名だ。

なぜ、このアイデアが生まれたのか。それは、彼らがもともと日本そばの職人だったから。終戦後、小麦粉を主とするアメリカの余剰農作物を日本が受け入れたことでラーメンに活路を見出していったのだ。

やがて坂口が独立して中野に「大勝軒」という店を開くと、山岸はそこで寝る間もないほど忙しく働くようになり、ラーメンスープや自家製麺の製造技術を学んでいった。

北尾　正安さんは一九五四年に、代々木上原にも「大勝軒」を出して、山岸さんは二十歳そこそこで中野店の店長になりますが、働いていたメンバーと、作業場で寝泊まりしていたこともあったそうですね。

真介　結婚もその時期にしています。
北尾　すべてが早い。
真介　マスターのラーメンの味もそこでだいたい固まっている。本にも「大勝軒」のラーメンは正安さんが作ったと正直に書かれていますが、源流である「丸長」から「大勝軒」を経て作られた基礎を、さらにブラッシュアップして自分のものにしていったわけです。過酷な日々の通常営業の合間にさらに自分の味を追求するなんて、よほど勤勉じゃなきゃできないですよ。
北尾　たしかにこう書かれてありますね。
〈私のつくるラーメンの味は、兄貴の味にさまざまな工夫を凝らし、アレンジもされているが、ベースにあるのは兄貴の味である。だから、私は兄貴の味を受け継いでいる唯一の人間だと自負しているし、それを次世代に伝えていくのが自分の役目だとも思っている〉
いま読み返すと、ここでいう「次世代」というのが、真介さんのことのようにも思えてきます。
真介　それは深読みしすぎじゃないかなあ。マスターはお子さんがいなかったこともあって、弟子入り志願者を来る者拒まず受け入れていました。そのことを言ってるんじゃないかな。誰にでもチャンスを与えてくれる、とにかく心の広い人でしたから。

つけ麺はこうして誕生した

北尾　ところで、中野時代の伝説的エピソードに、つけ麺の発明がありますよね。

真介　当時、マスターは「特製もりそば」と命名してメニューにしました。

北尾　ラーメンが正安さんの味を発展させたものだとすれば、つけ麺は山岸さんオリジナルのメニューといえますか。

真介　はい。もともとは店のまかないだったんです。ざるに移すときに残った麺を取っておいて、ざるそばみたいにして食べていた。

北尾　料理とも言えないような、その手っ取り早いまかない食を常連客が見て、旨そうだから食べさせろと言ったんですよね。それをきっかけに、メニューにしてみようと思い立ったと書いてありました。

真介　ただ、こういうのは諸説あったりするので、真相はどうなのか、トロさんとふたりでその当時に中野「大勝軒」で修業中だった方に確かめに行ったんですよね。

北尾　はい、私も誘われてお供しましたね。つけ麺誕生の詳細はあとでじっくり聞くとして、ここでは味に関してだけうかがいます。丸長グループが日本そばの出汁を取り入れたのも画期的ですが、つけ麺も和風と中華の合わせ技ですよね。

真介　酸味の利いたスープのことですか？　あれは冷やし中華をヒントにしたと聞きました。

北尾　まず、麺をツユにつける日本そばの食べ方があって、その麺を中華麺にして、ツユを濃厚なラーメンスープと酸味を組み合わせたものにした。独創的で、誰もが簡単に生み出せるアイデアではない。

真介　マスターはかなり研究したと思います。ひとりでコツコツ、何度も何度も試しながら味のバランスを整えていったはずです。

北尾　ただ、茹で上がった麺をいったん冷水で締めるという手間がかかるので、最初は兄貴分からメニュー化に反対されていたみたいですね。「ラーメンで十分繁盛しているのにわざわざ手間のかかるものを出す必要があるのか」って。

真介　そうなんです。でもマスターはそこであきらめなかった。本にはこうあります。

〈私はラーメン職人を志したとき「いかにして美味しいラーメンをつくって、お客さんに満足してもらうか」ということを目標に掲げ、そのことだけを考えて心血を注いできた。

　手間がかかるからといって、「自分が美味しいと思うものを出さない」というのでは、自分の信念を曲げることになる。たとえ兄貴に反対されようとも、これだけは譲ることが

できなかった〉

さすがマスターだなぁ。ここであきらめていたら、いまのつけ麺はなかった。

北尾　一度、心に決めたら周囲に反対されても頑として貫き通すところは、真介さんの「神田カレーグランプリ」挑戦にも通じるところがありますね。普段は穏やかでも、こうと決めたら後に引かない一面がある。

真介　自分ではわからないけど、僕も意外に頑固なのかなぁ。

北尾　山岸さんのがんばりで、一九五五年にメニュー化されることになった「特製もりそば」は、すぐに人気を博すことになりました。

真介　はい。うちではマスターの味をいまも変えずに「特製もりそば」として守り続けています。

悪条件こそが腕試しの場

真介　マスターが独立して東池袋に「大勝軒」を開店したのは一九六一年ですが、当時はサンシャイン60もないし、首都高速も開通していませんでした。いざ店を持ったものの、人通りの少ない立地条件としては最悪な場所。それでも、マスターはこの悪条件こそが腕試しに最高の場だと思っていたようです。

北尾　まだ情報誌やテレビのグルメリポートもない、口コミがすべての時代ですよね。いわば、お客さんが営業マン。

真介　その強力な営業マンたちのおかげで、立地条件が悪いのに、「大勝軒」は瞬く間に行列店になったんですよ。当時のスタッフはマスター、奥さん、マスターの妹さんの三人で、店の二階が住居という典型的な個人経営の町中華です。一階に居間があって団らんの場所になっていた。

北尾　そうか、「丸長」や「栄楽」、中野の「大勝軒」も、ラーメン専門店ではなくて町中華としてスタートしていますね。まだ、町中華という呼び方はなくて、中華屋とかラーメン屋と呼ばれていた。

真介　開店当初は出前もやっていて、深夜一時くらいまで営業していたそうです。

北尾　昭和の高度成長期を駆け抜けるように朝から夜中までフル稼働。仕事と私生活が混然一体となって大変そうだけど、充実していたでしょうね。

真介　研究も怠りませんから、マスターの味は完成に近づきます。著書にはこう書かれています。

〈常に昨日より今日、今日より明日、さらに美味しいものをつくってお客さんに喜んでも

らおうという精神でやっていた。それがなくなったら、終わりだと思っていた〉
完成に近づいても、それがゴールだなんて思ってはいなかったんです。
北尾　その精神に加えてラーメンとつけ麺という、看板メニューを二つも持っていたんだから、そりゃあ強いでしょう。
真介　ぶっちぎりだったみたいです。お客さんの大半がそれ目当て。
北尾　カレーも絶品なのに。
真介　最初は町中華的なメニューも出していたけど、ほとんどのお客さんがラーメンかつけ麺。それでやむなく町中華的なメニューを減らしていくことになり、最終的にはラーメンとつけ麺に絞り込まざるを得ないほどの人気店になっちゃった。

客を愛し、客に愛される

北尾　ところで、山岸さんが〝ラーメンの神様〟と呼ばれ出すのはいつ頃からなんですか。
真介　はっきりと、いつ誰がというのはわからないみたいですが、何度かのラーメンブームを経て、平成に入ってからマスコミが呼び出したんじゃないですかね。本人は気に入ってなかったみたいですけど、損することでもないので放っておいたら広まってしまった。

北尾　じゃあ山岸さんが、自ら「俺は神様だぞ」と名乗るようなことはなかったんですね。

真介　そういう下品なことは嫌う人でした。他人の悪口を言うのも聞いたことがない……あ、ひとりいました。マスターの右腕みたいな存在で、自分が厨房に立たなくなってからは店の仕切りを任せていた柴木さんのことは、ときどき「シバキ～!!」なんて怒ってました。ただ、ふたりの間では仏の山岸、鬼の柴木というふうに、暗黙の了解で役割分担ができていたらしいんですが。

北尾　それを聞いてホッとしました。あまりにも完ぺきだと、ついなにか裏があるんじゃないかと勘ぐりたくなってしまう。

真介　もしも裏があったら、亡くなったあとでそんな話が出てくるじゃないですか。だけど、マスターに関しては聞いたことがない。

北尾　味も最高だけど、マスターの人柄が東池袋「大勝軒」をさらに魅力的な店にしていたんだろうなぁ。

真介　持病が悪化して厨房に立てなくなってからも、店の前に椅子を出してちょこんと座って、行列してくれるお客さんと他愛のない会話をするのが名物になってました。

北尾　客を愛し、客に愛されたんですね。

真介　マスターに言わせれば、お客さんに恵まれた、となるんですよね。いいでしょ。

北尾　本を読んでも、ユーチューブに上がっている映像を見ても、謙虚でお客さんを大切に思っているのが伝わってくる。

真介　その姿勢は開店当初から、地域の再開発で閉店となる二〇〇七年まで一貫していました。営業最終日の三百メートルに達する長い長い行列はいまでも目に焼きついています。

北尾　完成形まで仕上げたラーメンとつけ麺の評価を、短期間のブームではなく、閉店の日までキープして、常に自分を律して味を追求し続ける姿は素晴らしいですね。お腹いっぱい食べさせて、客を笑顔にするのが山岸さんにとってのゴールだった。

真介　筋の通った気持ちのいい人生。わが師匠ながら、あらためてしびれますよ。

北尾　山岸さんの人となりと、真介さんの師匠への愛がしっかりと伝わってきました。次回は、小学生でつけ麺デビューをして、マスターの店へ通うようになった真介少年が、その後どんな経緯でラーメン職人を目指すことになったのか、そのあたりの話を聞かせてください。

第二章

バナナボートの明るい浜辺と何も起きない暗い部屋

小学生のときから東池袋「大勝軒」に通い、〝ラーメンの神様〟にも顔を覚えられた真介は、どのような経緯で山岸の弟子になったのか。断片的に聞いてきた話では、それまではラーメン職人になりたいと思ったこともなかったという。だとすれば、何がきっかけで気持ちが変わったのだろう。

「マスターのことなら話しやすいけど、自分のこととなると恥ずかしいなぁ。学生時代は、いい加減でどうしようもなかったから。話さなきゃいけないの？　まいったなぁ」

と真介は恥ずかしがるが、だからこそ聞きたいのだ。早々と目標を定め、最短距離で人生を歩む人なんてめったにいない。失敗したり悩んだり、試行錯誤しながら「これで行こう」と思える何かを見つけるまでの過程にこそ、その人らしさが表れるのではないだろうか。

建築家を目指したはずが……

北尾　山岸さんの弟子になったのは何歳のときですか。

真介　二十八歳です。いろいろ遠回りして、最終的にマスターのところで修業することになったんですよね。
北尾　その期間に、いまに通じる何かがあった気がするなあ。
真介　どうなんだろう、学生時代はほんとうに無茶苦茶で、将来のことなんてロクに考えてなかったですよ。
北尾　中高生時代はどんな生徒だったんですか。
真介　……勝手に始めちゃったよ。えーと、中学は公立校で、目立たないタイプでした。で、建築に興味があったので私立の工業高校に進んだんです。住宅の設計をしてみたかったから。
北尾　具体的な目標があったんだ。
真介　でも、入学してみると基礎からゆっくり学べる感じではなくて、いきなり勉強漬けでレベルが高かったんですよ。しかも、親が工務店を経営していたり設計士だったりする同級生が多くて、家に帰れば勉強をあたりまえのように教えてもらえるわけです。うちの親父は理数系だけど畑違いの獣医で、家にはパソコンすらなかった。
北尾　スタートでもう躓いちゃった感じなんだ。
真介　がんばって勉強しようって意欲が一気に失せちゃった。いま思えば、そんなの言い訳で、環境のせいにして逃げてただけなんですけどね。代わりに熱中したのが中学時代から好きだったサバゲー（サバイバルゲーム）で、雑誌で仲間を募集してチームを作り、大会によく参加してました。

北尾　学校では目立たないのに、外では活発だったんだ。

真介　そうですね。学校には話の合う友だちがいませんでしたから。高校生活の終盤には、マリンジェットにもハマっていったんですけど、そんなことを知るクラスメイトはいなかったんじゃないかな。

マリンジェットとはヤマハの水上オートバイ（特殊小型船舶）のことだ。水上で楽しめる乗り物をコンセプトにしたこの商品は、バイクメーカーのカワサキが一九七三年にアメリカで販売を開始した〝ジェットスキー〟が元祖で、逆輸入する形で八〇年に日本に上陸して人気を博していた。

ヤマハがマリンジェットを発売して参入したのは八六年。真介は、サバゲー仲間の父親が経営する千葉・勝浦のマリンハーバーへ遊びに行ったときに乗せてもらい、すぐに夢中になったのだという。

勝浦のビーチは天国だった

真介　サバゲーやマリンジェットにハマっていた熱量を勉強に注いでいたら、まったく違う人生になっていたと思うけど、好きじゃないことには興味が持てなくて。そんなだから進路を選択する高校三年生になっても、将来になんの目標も持てないまま、勝浦でマリンジェットに乗りまくるにはどうしたらいいか、なんて調子のいいことばかり考えてたなぁ。

北尾　それでも、大学受験はしたんだ?

真介　まだ気楽な学生の身分でいたかったんです。親には「経営の勉強がしたい」と言って文系に方向転換しました。「企業に勤めてキャリアを積み重ねるより、自分の手で人生を切り開いていきたい。だから、起業するときのために大学で経営学を学びたい」そんなふうに言ったのかな。受験勉強もろくにせず、もう遊びたいだけなのがミエミエですよね。

北尾　理系をあきらめた自分を納得させて、同時に親を説得するために無理やりひねり出したような動機だけど、逆にそこがリアルでもある。若い頃に大きな夢を抱いて、計画を練り、そこに向かってまっすぐに能力を高めていける人なんて実際は少ないでしょう。

真介　じゃあ、トロさんはどんな学生だったんですか。

北尾　ボンヤリもいいところでした。将来のビジョンなんてなにもなかった。真介さんを笑えません。

真介　結局、かろうじて入れそうだった神奈川県内の大学の経営学部に現役ですべり込めたんですけど、通学に往復五時間もかかったんですよ。入学前からわかっていたこととはいえ、これが想像していた以上に大変で……。

北尾　なんか嫌な予感がしてきたぞ。

真介　朝は山手線の通勤ラッシュに巻き込まれ、帰りは帰宅ラッシュでまたもみくちゃにされ、一カ月もしないうちにサボるようになってました。サークルにも入っていなかったから友だちもできないし、もう夏前には〝不登校〟に近い状態で。それでなにを考えたかといえば、「マリンジェットのできる勝浦に逃げろ！」って。

北尾　あーあ、ついに開き直っちゃった。

真介　もうなにもかも忘れて、夏の三カ月間、マリンジェットを借りて、宿泊場所も友人にお世話になって、勝浦で天国のような時間を過ごすことになりました。

北尾　それこそが当初、真介さんの思い描いていた理想の大学生活でもあった？

真介　当時の自分を叱り飛ばしたくもなるけど、正直に言えばそうでしたね。学費を払ってくれている親への後ろめたさすらもなかった。夏が終わると、今度は冬の遊びも充実させたくなってスノーボードに力を入れよう、そのための資金を稼ごうなんて考えてましたもんね。どうしようもない道楽息子でしたよ。

遊びに対する熱量の一部を学業に注げば、両方をうまくやることができそうな気もする。でも、興味の持てないことには徹底的に無関心になるのが真介の性格。バランスを取って器用にこなすタイプではないのだ。

滝野川でのアルバイト体験

真介　学校はサボっていても、マスターの店へはちょこちょこ食べに行っていて、ある日、〈滝野川大勝軒オープン。アルバイト募集中〉と書かれた紙が壁に貼ってあるのを目にしたんです。それで、マスターに「支店ができるんですか?」って尋ねたら、「支店じゃない。弟子が独立して店を出すんだ。やってみないか」と誘われて、アルバイトすることになりました。

北尾　常連客から一歩前進したんだ。

真介　形としてはそうですけど、ただ遊びの資金が欲しかっただけなので、そのときは修業なんて意識はまったくありませんでしたよ。マスターにしても、常連客の僕を送り込めば弟子の店がどうなっているか把握できて便利だくらいの、軽い気持ちだったと思います。つけ麺は滝野川でもまかないで食べられたんですけど、それでも僕はよく東池袋まで食べに行ってました。マスターのほうが断然おいしいから。

北尾　もうその頃には、山岸さんは弟子を取るようになっていたんですね。

山岸は二十代後半から足に違和感を覚えるようになり、四十歳になると立っていられないほど悪化して、静脈瘤を切除する手術を受けることになった。このときは三カ月間の休業後、それまでやっていた出前をやめる決断をして再出発した。しかし、八六年に妻を亡くすと気力を失い、足の状態が思わしくないこともあって、半年間の休業を経て店をたたむ決心をした。

この大ピンチを救ったのは、「しばらく休業します」という告知の貼り紙にびっしり書き込まれていたお客さんからの励ましのメッセージだったという。なかには大阪からわざわざ来てくれた人もいた。こんなに多くのお客さんが待っているならと再開を決意した山岸は、数年ごとに足の手術が必要になるのを覚悟のうえで、営業時間を午前十一時から午後三時までの四時間に短縮して新たなスタートを切った。このときに初となる弟子を二名雇い入れ、それが後年、百人を超す独立組を生み出すことにつながっていった。

北尾　アルバイトでの仕事内容はどんなものだったの?

真介　メインは皿洗いですけど、少しでも多くバイト代を稼ぎたかったから接客から掃除までなんでもやりましたよ。閉店後も深夜まで寸胴鍋を洗ったり、ラーメン屋は意外に地味な仕事が多いんですよ。客の立場からはラクそうに見えていたんですけど、実際にやってみたらハードだし、拘束時間は長いし、飲食業はきつい商売だと思ったなぁ。

北尾　そこでラーメンの職人に興味を抱いたわけじゃなかったんだ。

真介　まったく興味なかったですよ。だけど、やるべきことをやっていれば怒鳴られたりもしないし、閉店後に飲みに連れて行ってくれる先輩もいたから居心地は悪くなかった。なんだかんだで二年近くバイトしましたもん。しょうもないやつをバイトに送り込んできたと思われたらマスターに迷惑がかかると思って、遅刻や欠勤もしませんでした。

北尾　大学は〝不登校〟だけどバイトは皆勤賞。目的があればがんばれる。

真介　目的といってもマリンジェットとスノボですけどね。さすがにスープ作りはさせてもらえなかったけど、慣れてからは仕込みを手伝ったりもしたから、戦力になるバイトだったはずですよ。

お金がなければ、稼げる仕事を作ればいい

真介　大学二年のとき、アルバイトで貯めた五十万円と、親に借りた五十万円を足した百万円で、ついに念願のマリンジェットを買ったんですよ。ヨットハーバーの社長の好意で置き場も無料で貸してもらえて、一つ目標が達成できました。

北尾　資金を半分まで貯めたところでまた夏が迫ってきたんですね。

真介　そうなんです。時間はかかったけど、親からの借金はしっかり返しましたよ。

北尾　そういうところはちゃんとしていてエライなぁ。私は親に借金したままほったらかしにしたことがありました。催促されないからつい甘えてしまって。で、念願のマリンジェットを手に入れたということは、前年に続いて大学二年の夏も勝浦に入り浸りだったんですね。

真介　マリンジェットの操縦がうまくなりたくて、乗りまくってましたね。でも、ここでガソリン代という新たな問題が発生しちゃう。いまでこそ燃費が良くなりましたが、当時のマリンジェットは燃費が悪くて、一日乗ると燃料費だけで一万円近くが飛んじゃうやっ

かいな乗り物だったんですよ。買ったはいいけど、燃料費がなくて思う存分乗れなくなっちゃった。

北尾　アルバイトの日給以上が一日で飛んじゃうんだ。どうして買う前に気づかないかなぁ。

真介　操縦のことしか頭になくて……。そんなわけで、ビーチで優雅に遊んでいるように見えて、財布はいつもからっぽってことになっちゃった。贅沢好きな女の子と無理してつきあっている気分でしたよ。だけど、ヨットハーバーにつなぎっぱなしにしておくのは悔しいでしょ。それで思ったんです。「大勝軒」のアルバイト代では燃料費にもならないから、もっと稼げる手段を考えればいいって。

北尾　そんなに効率のいいアルバイトがありましたか。

真介　なんとかしなくちゃと知恵を絞っているとき、以前に江の島のビーチで見かけた、バナナボートに客を乗せる商売が繁盛していたのを思い出したんですよ。

北尾　バナナボート？

真介　バナナのような形をしたトーイング遊具です。観光地のビーチなんかではよく見かけるリクリエーション用ボート。見たことないですか？

北尾　カナヅチなので海の遊びとは距離を置いて生きてきたんです。

真介　ライフベストを装着するので誰でも乗れますよ。バナナボートは動力がなく、水上バイクやプレジャーボートでけん引して走らせるので、僕のマリンジェットが動力として使える。勝浦のビーチではまだ見たことがなかった。だったら、僕がそれをやれば遊びに来たグループやカップルに受けるとひらめいたんですよね。

北尾　いまふうの言い方をすると、バナナボート屋にビジネスチャンスを見出した。

真介　「これは儲かるぞ！」って。一度に十人乗せて、ひとり二千円としても……え、マジかよって。ただ、バナナボートは十万円もしたから、借金返済中の僕には手が出なくて、アイデアだけ温めて翌年の目標にしました。

北尾　金食い虫のマリンジェットを、金を稼ぐ道具にするという逆転の発想にたどり着くのがすごい。

真介　バナナボートが勝浦にまだないなら、自分でやって儲けちゃえという軽いノリでしたよ。僕は思いついたことをやってみて、ダメならあきらめる。バナナボートはどう考えても成功しそうでしたから。

北尾　自分なりに勝算があったんだ。

真介　でも、勝浦で稼げるのは夏だけだから、それ以外の季節にもうひと稼ぎできないかとも考えてました。実現しなかったけど、スノーボードのインストラクター資格を取って、指導員として小遣い稼ぎをしながらゲレンデで過ごすのはどうだろうと思ってみたり。

北尾　夏は海、冬は雪山。好きなことを追求するためには、好きなことで稼ぐのが手っ取り早い、と。

真介　世の中をナメてますよね。

趣味と実益を兼ねてというのは誰もが考えそうなことで、思いついたときは興奮するけれど、稼ぐのはラクではないので、動機がしっかりしていないと難しい。考えているうちに、だんだん熱が冷めて「趣味として楽しもう」と妥協しがち。燃料費が問題なら、夏以外の季節にアルバイトして貯金しようと考えるのが普通だが、そこで真介はあえて自分の手で稼ぐ仕事を生み出そうとしたのだ。

「僕はこの人と結婚する！」

北尾　冬場の計画も進めたんですか。

真介　スノボの腕を上げるのが先決なのでゲレンデには通いました。インストラクターにならなかったのは、バナナボートが想像以上にうまくいって資金稼ぎの必要がなくなったからでもあったけど、僕はここで運命的な出会いをしてしまうんですよ。

一九九六年の冬、真介は計画通りにスノーボード漬けで過ごそうとしていた。行き先は越後湯沢駅周辺のゲレンデだ。ある日、いつものようにひとりで出かけ、上野駅で新幹線の発車時刻を待ちながら何気なくホームを眺めていると、スノボの道具を持った女の子が立っているのが目に入り、視線を外すことができなくなってしまった。それが、十数年後に結婚相手となる木村みや子との出会いだった。

みや子は真介と結婚しただけではなく、現在は店でもフロアを仕切って活躍し、経理部門も担当している。「お茶の水、大勝軒」に通い始めた頃、私は笑みを絶やさず気配りの行き届いた接客ぶりに唸ったものだ。そこから徐々に親しくなり、真介とのなれそめなども教えてもらっていた。

真介　ホームには、ほかにも女の子がたくさんいたのに、その子だけが輝いて見えたんです。トロさんならどうします？

北尾　かわいいとか、好みだとか、そういう目で見るでしょうね。

真介　ですよね。でも、僕はそのときなぜか「自分はあの子と結婚することになる」と直感したんです。

北尾　はぁ？

真介　スノーボーダーなら下車駅は自分と同じ越後湯沢かもしれないから、駅で見かけたら絶対に声をかける。それができたら、自分の予感は現実になる……。

北尾　ちょっと待ってください。ホームにいるのを見かけただけで結婚まで考えないでしょう。まだ話したこともないのに。いわゆる一目惚れじゃないですか。

真介　いや、そういうことってあるんですよ。

美容師のインターンだったみや子はこの日、新潟に住む幼なじみに会いに行くところだった。ところがここで、真介にとっての奇跡が起きる。自由席が満席で通路に立っていた真介とみや子をカップルと勘違いした見知らぬ人から「私たちの席が空くので、よかったら座りますか」と、指定席のチケットをプレゼントされたのだ。

真介　そんな偶然ってあります？

北尾　ところが、ドキドキしているのは真介さんだけで、みや子さんには恋の予感なんてまったくなかったというのがおもしろいよね。まさか、隣の席にいる男が自分を結婚相手だと思っているなんて考えもしないでしょう。当時、みや子さんにはつきあっている人もいたそうだから、ふたりの温度差が激しい。

真介　まあそうでしたね。だけど、僕は運命の人だと思い込んでいたから、この人を逃してはならないという心の声に従って猛アタックをかけました。

北尾　結婚を意識するどころか、自分の将来像すら描けていない状況で、直観を信じて行動する。あまりにも無鉄砲だけど、駆け引き無用で突き進むあたりは、「思い込んだら命がけ」を地でいく昭和の男の匂いがするなあ。

真介　根が単純なんですよ。

北尾　だからこそ強いのかもしれない。驚くことに、真介さんの直観は見事に当たり、時を経てふたりは結婚することになりましたよね。

真介　僕はまだ二十歳になったばかりだったけど、とにかくこの子なんだ、という以外に何も考えていませんでした。

北尾　じゃあ、あの「大勝軒」の〝脇〟へも連れて行ったんでしょうね。

真介　最初のデートで行きましたよ。彼女の反応が良かったので、ますます強気になりました。

北尾　そこが重要でしたか。
真介　めちゃめちゃ大事です！
北尾　真介さんの行動には極端なところがあるよね。選択を誤ったと思った高校ではおとなしく、通うには遠すぎると思った大学へは行かなくなる。その一方で、好きになった「大勝軒」通いやサバゲー、マリンジェット、スノボにはのめり込む。目標なり興味がないと何もせず、中間があまりない感じがするなあ。

みや子はその頃、美容師としての腕を磨くことに全力投球している時期で、スノボを趣味の範囲にとどめていたのも、一日も早くインターンを卒業して客を任される存在になりたいからだった。目標は、いずれは独立して自分の店を持つこと。そこに突如現れたのが真介だったのだ。

北尾　真介さんの猛アタックに、みや子さんは戸惑いながらも「ヘンな人だけど、一緒にいると楽しい」と思っていたようですね。さて、運命の人と知り合った真介さんの日常になにか変化はあったんですか。将来を見据えて大学に通うようになったとか？
真介　なにも変わりませんでしたね。それどころか、勝浦でのお金儲けに拍車がかかり、彼女を巻き込んでいくことになっちゃった。

ビーチで一日に二十万円稼ぐ方法

北尾　翌年からはバナナボートを使った仕事を実際に始めることになったんですか。

真介　バナナボートを買う資金がまだなかったので、まずはマリンジェットの後ろにお客さんを乗せてビーチを回遊する商売を始めたんです。運転は自分がやるとして、お客さんの対応をする人手が必要だったので、みや子に手伝ってもらうことにしました。十分くらい乗っけて走ればお金になるからやろうよって。

北尾　みや子さんは「ビーチを歩きまわって客引きさせられたんですよ」と、当時を振り返って怒ってましたよ。料金はいくらだったんですか。

真介　ひとりにつき二千円もらいました。マリンジェットに乗る機会なんてなかなかないので、お客さんは喜んでくれるんだけど、難しかったのは集客です。「乗りませんか」と声をかけるくらいで、宣伝する術もなかったので、最初は一日に十人くらいしか乗ってくれなかった。燃料は減るのに、全然儲からない。

北尾　あれ、燃料代目当てだったはずなのに、やり始めたら儲けようという欲が出てきている。労働に見合う対価を求めたいのは真介さんの都合であって、協力者のみや子さんにしてみれば「どうして私が客引きみたいなことをしなくちゃならないのよ」となりませんか？

真介　そうなんですよ。いざやり始めたら儲けたくなっちゃって、彼女には無理なお願いをかなりしていたと思います。強く言ってしまうこともあって、しょっちゅうケンカしてましたね。「なんでもいいからとにかく客を連れてきてほしい」って頼んだら、泥酔している入れ墨の怖いお兄さんを連れてきちゃったこともあったなぁ。

北尾　真介さんに会いたくて美容院の定休日にわざわざ勝浦まで来ているのに、客引きはないよね。

真介　ふたりで食事に行っても、お金がないからいちばん安いものを頼んで、いつか思い切り刺身を食べたいね、なんて言い合ってましたよ。そのくせ、売り上げが三万円とかあった日は、貯めておけばいいのに気が大きくなって有り金全部使っちゃう。『三河屋』という割烹料理店によく行ったんですが、売り上げがあると「伊勢海老ください」とか「アワビもください」と大盤振る舞いしちゃう。

北尾　まるでコントの一場面みたいだ。

真介　稼いだ分は胃袋に収まって、現金は残らない。でも、そうやって使うことでお金がまわる感覚を学生なりに学んでいた気もするんですよね。燃料代をつぎ込んでいた遊びが、アイデア次第で商売になり、無から有を生むように現金収入が発生すると知った。お客さんが少ない理由も、告知や宣伝不足で存在を知られていないせいだとわかってきたし。

北尾　その点をクリアしてバナナボート屋をやれば……。

真介　そこなんですよね。やるなら本格的にやるしかない。

ビーチにいる人に「マリンジェットに乗ってみませんか」と声をかける原始的なやり方からスタート。マリンジェットに客を乗せて走っても商売にならないことを身をもって体験した真介は、戦略を練り直してからバナナボートの購入に踏み切った。

どうやってもダメだと思えば、潔くバナナボート屋はあきらめたと思うが、ここではやみくもに突っ走るのではなく、損得勘定をしっかりしてリスクを減らし、勝てるかどうかを判断する。真介が経営学の基礎を学ぶ〝教室〟は、大学ではなく夏の〝浜辺〟にあったのだ。

北尾　経営学部の学生にとっては、金を稼ぎながら勉強する理想的な環境が整った感じだよね。

真介　まだ経営以前の〝ごっこ〟でしたけど、一応、客商売ではありますからね。で、その後これが大ブレークするんですよ。調子がいいときは、一日に二十万円も売り上げた。

北尾　マリンジェットがバナナボートになっただけでそこまで変わるんだ。

真介　大きなバナナボートは買えなくて五人乗りにしたんですけど、それでも一回でマリンジェットの五倍の収入になる。十分間で二千円だからあっという間に一万円。それを一日に二十回やれば二十万円。ぼろ儲けです。目立つ看板を用意してアピールしたら勧誘しなくても、お客さんの方から寄ってきてくれて、順番待ちの列までできたんです。

北尾　十万円の投資でそこまで変わったんだ。

真介　バナナボートという遊具とマリンジェットの組み合わせが人目を引いたんだと思います。勝浦は波がいいからサーファーには人気があるんだけど、一般の観光客が遊べる娯楽施設がほとんどなかったのも大きかったですね。

地元の親分への仁義

北尾　客商売を浜辺でするにあたっての障壁はなかったんですか。

真介　バナナボート屋が軌道に乗ってきたとき、こんな学生風情がビーチで勝手に商売していいのかな、使用料がいるんじゃないかと不安になったんです。で、地元の人に尋ねたら、浜を仕切っている有力者で親分みたいな人がいると言われて、許可を取るためにひとりで事務所へ挨拶に行きました。

北尾 ひとりで乗り込んだんですか。度胸があるなぁ。

真介 ドキドキでしたよ。ビビりまくってましたけど、僕が始めたことなんだから、行くしかないでしょう。あとで揉めたりしたら、お世話になっているマリンハーバーの社長にも迷惑がかかりますから、ここは筋を通しておかなきゃと思ったんです。

北尾 で、親分の反応はどうだったんですか。

真介 行ってみたら、その親分はマリンハーバーの顧客で、知らない仲でもなかったんですよね。「おまえ、ひとりでよく来たな」と招き入れてくれて、「学生からお金を取ってもしょうがない。そんなのいらないから、ビーチは好きに使っていい」と言ってもらえた。

北尾 親分はこそこそしないで正面突破を図る若者に好感を抱いたのでは？

真介 そんなことも言われたかなぁ。あと、親分はバナナボートが儲かるなんて考えず、学生がわいわい騒いでいるお祭り程度のことだと思ったのかもしれない。もし一日に二十万円も稼げるとわかっていたら、話は違ったかもしれないですよね。

北尾 最初はそうだったとしても、真介さんたちはその後もバナナボート屋を続けていたんだから、いい稼ぎになることはいつかは耳に入ったはずでしょう。それでも親分は何も言わなかったの？

真介　何一つ言わないどころか、目をかけてくれました。なんか気持ちのいい人で僕はすごく好きでしたね。そのおかげで、平和に営業できた。

北尾　何事も最初がカンジンですね。それに、相手に対する好意は伝わりやすい。とくに年長者は敏感に感じ取る。

真介　親分はもう引退されましたが、僕がラーメン屋になってからも、会うたびに「タバコは吸っちゃだめだ、酒は昼間は絶対飲んじゃだめだ、真介は料理人なんだから毎日髭を剃れ」と怒られちゃう。

北尾　まるで親戚のおじさんだ。

真介　それもこれも、あのとき勇気を出して挨拶に行ったからだと思うと、不思議な縁を感じます。

北尾　気ままに生きているようで、そういう礼儀について、真介さんはマメですよね。山岸さんを筆頭に、年長者からかわいがられるところがある。

真介　同年代や年下より、おじさんのほうがおもしろいですよ。いろいろ教えてくれるし、経験豊富で、僕に足りない部分を補ってくれる存在でもある。

毎日がお祭り騒ぎ

北尾　堂々と商売ができるようになって、バナナボート屋が軌道に乗り、お金がわんさか入ると人が変わりましたか。

真介　浮かれまくりで、金銭感覚が狂いましたね。サバゲー仲間の何人かにアルバイトを頼みましたが、彼らに支払ってもひと夏に五百万円近い利益が出るんです。それを、ほとんど飲み食いで使っちゃってた。飲み屋にも行くし、アルバイトの友人たちと一緒にヨットに宿泊して、星空を見ながらバーベキューをしたり。海に浮かぶリゾートホテルみたいな感じですよ。あんなに贅沢な暮らし、後にも先にもあのときだけだな。

北尾　毎日が学園祭だ。

真介　使っても、明日また稼げるから惜しくない。ただ、バナナボート屋でお金を稼ぐ楽しさを覚えたけど、夏が終わるとお金は消えている。

北尾　もったいないとは思わなかった？

真介　次の夏、また稼げばいいと思ってました。色気を出してハワイあたりに進出すれば一年中稼げるんじゃないかと思ったりもしたけど、たぶんうまくいかなかっただろうな。

行動が伴わなかったのは、仕事としてそこまで本気じゃなかったってことですもんね。

北尾　自分には商才があるとうぬぼれたりはしなかったの？

真介　天狗になりましたよ。でも、決定的に欠けていたのは目標です。僕はバナナボートで稼いだ金で何かしようとしたのではなく、燃料費に苦労せずマリンジェットに乗れたり、仲間と海辺で楽しい夏を過ごせればそれだけで満足だったんですよね。その証拠に、夏が終わると実家に戻ってまた地味なアルバイトを始めるんですよ。カプセルホテルの受付やコンビニの夜勤を週に三日くらいやって、あとはぶらぶらしている生活。バナナボート屋を始めてからは「大勝軒」でのアルバイトを辞めたんですけど、元の客に戻ってマスターの店には相変わらず通ってました。

北尾　それにしても、夏とそれ以外の季節では別人のような暮らしになるんだね。収入の違いにやる気を削がれたりしなかったの？

真介　不思議なことに平気だったんですよ。一年のうち十カ月は地味に過ごし、二カ月だけ派手に過ごすサイクルが性に合っていたんでしょうね。親も、息子が勝浦で何百万円も儲けているなんて想像もつかなかったんじゃないかな。

北尾　真介さんには天狗になっている自覚があって、残りの時間をおとなしく過ごすことで自分を保とうとしていたようにも思える。

真介　そうですね。勝浦という拠点と生まれ育った大塚で二重生活をしていたあの数年間は、自分なりにバランスの取れていた期間だったと思います。

気がつけば大学八年生

北尾　バナナボート屋が繁盛したのはよかったけど、大学は中退したんですか。

真介　〝不登校〟のまま在籍だけはしていたんですよ。で、七年目にさすがに不安になって事務局へ行ったら「二十四単位しか取れていない」と言われてしまった。

北尾　むしろ単位が取れていたのが驚きです。

真介　一年のときに、よく覚えてないけどテストを受けたことがあったのかな。でも、卒業するにはお話にならないほど単位不足だとわかった。だったら中退すればいいのに、そこはズルいんですよね。大学生という身分を盾に、少しでも長くぶらぶらしていたかったんです。

北尾　海外旅行から帰国したら追試が終わっていたという理由で留年した私など、かわいく思えますね。

真介　だけど僕、最終的には卒業できたんですよ。事務局で、こんなんじゃ卒業できないと言われたら、逆に猛烈にしたくなって、相談すると不可能ではないことがわかったんです。やってやろうじゃないかと燃えました。それからは通勤ラッシュも何のその、毎日大学に通って、朝から晩まで講義に出るようになった。結局、余るほど単位を取って限度いっぱいの八年がかりで卒業できました。

北尾 なんて負けず嫌いなんだ。そのガッツがどうして土壇場でしか出せなかったんだろう。

真介 勉強したくて入ったんじゃなくて、大学生の肩書きが目当てだったからですよね。八年間も親に学費を出してもらい、自分が稼いだ金は遊びで使い果たすゴクつぶしです。だけど、卒業はしたかった。これだけやりたい放題していたのに、卒業しないと就職できないという気持ちが心のどこかにあって。

北尾 あれ、勤め人にはならないと思っていたはずでは？

真介 正直、ぐらついていたんですよね。それで、試しに損保会社の入社試験を受けてみたら、意外なことに採用されたんですよ。

北尾 会社員経験があるとは知らなかった。

真介 それが……入社前に研修期間があるとわかって、それが嫌で断っちゃった。もう、何を考えているのやらですよね。自分でも呆れてしまう。で、結局は勝浦のマリンハーバーで雇ってもらうことになりました。また以前と同じノリでの勝浦での生活が始まった。

北尾　二十六歳で社会人になったものの、やっていることは学生時代と変わらない。

真介　はい、一年ほど勝浦で暮らしました。夏のバナナボート屋は相変わらず大繁盛。稼ぎたいので綿密に計算して朝と夕方に観光客の多い「三日月ホテル」からよく見える場所でマリンジェットを走らせてみたり。

北尾　それだけ軌道に乗って儲かっていたら、もう抜け出せなくなっちゃいますね。

真介　常連客もついていたんですが、一年経ったとき、「いつまでもこんな仕事をしていて、まともに働かないでこの先どうなるんだろう」と、みや子にボソリと呟かれたんです。自分はこんなにも彼女を不安にさせていたのかと、さすがに重く響きました。

人生で最初の挫折

みや子はインターンを卒業後、美容室と掛け持ちでバナナボート屋を手伝い、真介をもっとも身近なところから見続けてきた。店を休めないときは、終わってから行くので移動もラクではなかった。日焼けして東京に戻ると「遊んでたの？」と店の人に嫌味を言われることもたびたびあった。そこまで協力したのに、ようやく卒業して働き出したと思ったら、前と同じことをしている。このまま真介といるべきかどうか、彼女が真剣に悩んでいたのも無理はないだろう。

真介　言い訳できないですよね。僕はみや子の事情を知っていたのに頼り切っていたんです。あの頃の自分は自己中心的で最低だったと思います。

北尾　そのこともあってマリンハーバーを辞めて、勝浦を引き払うことにしたんですね？

真介　じつはこの時期に僕自身も、いまは良くてもこの先どうなるんだろうと自分の将来に大きな不安を感じていて、あのときに損保会社に入っておけばよかったと後悔することもあった。それで、一度リセットするためにも実家に戻ることを決めたんです。

当時、みや子に対して強気にふるまっていた真介は、きっと虚勢を張っていたのだろう。世代は異なるが、私も大学を卒業後、就職もせずぶらぶらして周囲に心配をかけていた。私は、当時の口癖が、「俺は好きなことをして生きるんだ」だったことを思い出してしまった。

真介　自分が何をしたらいいかわからなくなっちゃって、深夜勤務のコンビニで小遣いを稼ぎ、昼間は自分の部屋から一歩も出ない生活になりました。地元の同級生たちはとっくに社会に出て、バリバリやっているという話が耳に入ってくるし、これから自分はどうしたらいいのか焦燥感に苛まれていました。

北尾 それなのに、何をすればいいか、何をしたいかがわからない？

真介 そうなんです。目標がない。この先どうなるか自分でも想像がつかない。

北尾 さほど悩まずに生きてきた真介さんが、二十代も半ばになって初の挫折を経験し、否応なく自分と向き合わざるを得なくなった。

真介 救いは深夜のコンビニでしたね。学生時代からアルバイトしている仲間が何人かいて、そのときの僕と同じようにみんな暗い目をしてくすぶっていた。彼らと喋ったり、仕事明けに飯を食べに行くのが唯一のストレス解消法。でも、飲みに行くと最初は盛り上がるんだけど、将来のことに話が及ぶとみんな黙っちゃう。なんとか当たり障りのない話題に戻して、「また明日」と別れる日々でした。

北尾 傷をなめ合う相手がいるのはときに救いにもなるよね。

真介 実家だから家賃はいらず、冷蔵庫には食べ物もある。コンビニでそれなりの収入もあるのに……。

北尾 でも、希望や目標がないのか。うーん。

真介　半年くらい、どうしたものかと悶々としてました。

「僕はラーメン屋になる」

コンビニで働くのが嫌なわけではなかったが、このままでは時間を浪費するだけなのは目に見えている。みや子に責任ある態度を取れていない自分も情けない。結婚するために稼げる仕事につきたい。悩み抜いた末に真介は、それまで仕事や将来のことについて一度も相談したことがなかった父親に胸の内を打ち明けた。

父親は、自分でこれと決めないかぎり動かない真介の性格をよく知っていて、周囲がうるさく言っても効果がないとわかっていたので、壁にぶつかって、自分の意見が必要とされるとき以外は口を出さないと決めていた。しかし、とうとうそのときがきたのだ。このチャンスを逃してはいけないと思い、単刀直入に息子に尋ねたという。

「真介、おまえが本当に好きなものは何だ？」

真介　自分は何がしたいのか、できるのかと考え続けていたところに「本当に好きなものは何だ？」と唐突に尋ねられて、なぜか僕の口をついて出たのが「ラーメンだ」という答えだったんですよ。子どもの頃から食べるのが好きだったから、それを生かせる道はないかとボンヤリ考え始めてはいたんですけど、どこかで踏ん切りがつかなかったのかなぁ。そうしたら親父が、「じゃあ、それでやっていくのが一番いい。山岸さんのところへ行って修業させてもらうのがいいんじゃないか」と畳みかけてきて。親父は「ラーメン」と聞いた瞬間に、「大勝軒」しかないと考えたみたいなんですよ。

北尾　それを聞いて、真介さんはどう思ったんですか。

真介　僕もマスターのところへ行くのが自然だと思ったので、すんなり受け入れることができました。

北尾　滝野川の「大勝軒」でアルバイトをしていたから、ある程度は仕事内容を知っていたはずですけど、そのときはマリンジェットの資金作りのためで、ラーメンの職人になりたかったわけではないと言ってましたよね。弟子入りするとなると、お金のためというよりも、職人になるための修業になるわけですが、心の準備はできていたんですか。

真介　まだ浮ついた気持ちが残っていましたね。ラーメンとつけ麺の最高峰である「大勝軒」の看板は強力だから、それを使って一旗揚げよう、みたいな思いもどこかにあった。

北尾　それは一刻も早く稼げるようになって、出遅れた分を取り戻したいという気持ちなんですか。

真介　もちろんそうです。決心するのにさほど時間はかからなかったですね。一から出直すつもりでやろうと腹を決めて、みや子に話をしました。

「『大勝軒』でもう一度やり直そうと思う。自分はラーメン屋になるけれど、ついて来てくれるなら嬉しい。でも、いつ独立できるかわからないから、嫌だったら僕と別れてください」

そう言いました。ずっと待たせて、もうこれ以上待たせるわけにはいかないですから。

北尾　ラーメン屋を志す決意表明ですね。みや子さんの反応は？

真介　「自分が決めたことだったら、それでいいと思うよ」と言ってくれました。

北尾　きっと、真剣さが伝わったんですね。彼女は真介さんが、言い出したら聞かない人だと知っている。ただ、一つだけ、「この人に下積みができるのかしら」とは思ったそうです。

真介　それは、あまり心配なかったんですよね。アルバイトでラーメン屋の仕事がどんなものか知っていましたから。マスターは基本的に希望者は拒まない方針ですから、あとはこちらのやる気の問題なんです。

北尾　初めてつけ麺を食べてから、二十年近い歳月を経て、とうとう正式に弟子になるときがやってきたんですね。バナナボート屋とはまったく違う世界に飛び込むことになったわけですが、ずっと話を聞いてきた私としては、漂流していた真介さんが、ようやく港にたどり着いたような気持ちになりました。

真介　きらめく夏の海ともマリンジェットともおさらばです。二十八歳になって、ラーメン屋になるというはっきりした目標を得た僕の人生は、ここからリスタートします。

第三章

「真介、おまえだけは味を変えるなよ」

「ラーメンで一発当てよう」と野心を抱き、旧東池袋「大勝軒」の研修生となった真介は、昭和的な徒弟制度の中で職人としての基礎を学びながら一日も早い独立を夢見ていた。

そんなある日、製麺室に落ちていた昔のメニュー表を見つけたことで、山岸との関係は思いがけない方向に進んでいく……。

一年半に及ぶ修業の日々は、真介の人生にどんな影響を与えたのだろう。

江戸川橋で修業をスタート

北尾　ここからは修業時代の話に入ります。「大勝軒」に弟子入りするにあたっては、どんな心構えだったんですか。

真介　フリーターみたいな生活を続けていたのではだめだ、やり直したいと思い、髪を切り、金髪を黒髪に戻して門を叩きました。同年代の人たちと比べて五年近くも社会人としてのスタートが出遅れているから、同じような仕事をしても勝負にならない、一発当てるにはどうしたらいいか、その頃はそればかり考えていました。「大勝軒」でのれんを取って大儲けしてやろうなんて不純な考えですよ。どうしようもないですよね。

北尾　ラーメン屋が儲かるというイメージはどこから湧いてきたんだろう。

真介　当時、「水曜スペシャル」などのTV番組でよくラーメン特集をやっていて、そこに登場するラーメン屋の店主が高級外車を乗り回して実業家みたいな雰囲気だったんですよ。「すげぇ、僕も一発当ててこうなりたい」と思っちゃったんです。

なんだその動機は……。ガッカリするほど軽いではないか。どうせなら「幼いときから職人の世界に憧れる気持ちがあった」とか、「趣味の食べ歩きを生かす道もあるかなと思っていたところ、親父との会話で『一番好きなのはラーメン』と答えてしまい、だったら日本一のラーメン職人になってやろうと心に決めた」くらいのことは言ってほしかった。こんな浮ついた調子で修業に耐えられたのか、入門後の生活が心配になってしまう。

真介　今度こそはちゃんとやるしかないとは思っていましたけど、これでしくじったらもう後がないという焦りやプレッシャーのほうが最初は大きかったです。三十代が迫ってきて、もうみや子を待たせられないし、同世代に引き離された周回遅れのランナーになりたくなかった。僕が入門したときに、マスターは体調を崩して入院中で、店長代理を務めていたベテラン職人の柴木さんから許しを得る形での弟子入りになりました。でも、いきなり「なんだよ、おまえ戻ってくんのかよ」ってかなり冷たい対応でしたね。

北尾　「一発当てたい」という下心を見抜かれたんじゃないかな。

真介　そういう弟子は多かったから、それはないですよ。柴木さんはマスターとは対照的に口が悪くて、好き嫌いが激しい人だったから、アルバイトを自分の都合で辞めた僕はたぶん嫌われていたんじゃないかな。

北尾　マスターにかわいがられていたのが、かえって裏目に出たとも言える。

真介　それもあるかもしれないですね。で、気まずい雰囲気になったので、その場の思いつきで「のれん分けした店でもいいので、どこか働かせてくれる店はないですか」って頼んでみたら、江戸川橋「大勝軒」に電話をしてくれて、二〇〇五年の春から三カ月間の約束で受け入れてもらえることになりました。

北尾　期間限定の〝預かり〟でかろうじて滑り込んだんだ。柴木さんにとっては、真介さんに教える手間がかからなくて都合がよかったんでしょうね。

真介　僕としても、肩慣らしを兼ねて江戸川橋に入って、基礎を学んだ上で、マスターが復帰したときに東池袋に戻れればちょうどいい。そのときは江戸川橋に入れて幸運だったと思ってました。修業を終えた研修生が三人でやっていて、やる気もあって雰囲気もよかったんです。

北尾　変則的な形ではあったけど、江戸川橋の手伝いスタッフとして修業生活が始まった。でも、気ままなフリーター生活からいきなりタテ社会に入って戸惑うことはなかった？

真介　まったく平気でしたね。それまでも、サバゲーのチームや勝浦のバナナボート屋とかで、規模は小さいながらも組織的にやっていましたから。

北尾　でもそれまでは、自分で立ち上げたチームだからトップの役割だったでしょう。今度はいちばん下っ端からやらなければならない。

真介　それが、じつは僕はいい下っ端になれるんですよ。トップをやったことがある人は、下が何をしてくれたら嬉しいかわかるじゃないですか。指示を出される前に先読みしてやっておくとか。ところが、トップを経験したことがない人は、その場の状況を俯瞰して見られないから場当たり的にやりがちなんです。僕は上の考えていることが想像できた。とにかく結果を出さなければならないので必死にやりましたよ。

北尾　江戸川橋に来たのは柴木さんの一存だから、使えないヤツだと報告されたら東池袋に戻れる保証はなかったんですね。

真介　そうです。朝から晩まで働いて月給五万円でした。勉強させてもらっている身分とはいえ、研修生の給料はアルバイトよりも安い。

北尾　二年間アルバイトしていたから、その三カ月間で勘は取り戻せましたか。

真介　すぐに仕込みの手伝いをするようになり、短期間で一通りの手順は覚えました。

私は、真介には二つの性質が同居していると思う。バナナボートで稼いだときの「いまが楽しければそれでいい」という刹那的な面がある一方で、深夜のコンビニで働いたときには、自分の将来について悩み抜き、慎重に忍耐強く将来のビジョンを探ろうとしていた。

修業に入ると前者は影をひそめ、後者の辛抱強さが前に出てきた感じがする。コンビニのときは目標がなかったけれど、今回は独立というゴールがあったからだ。

この男に目標を与えたらとことんやろうとするのはバナナボート屋で実証済み。この先の展開が楽しみになってくる。

真介　江戸川橋では、いざ東池袋に戻るというときに備えてがんばっていたんですけど、誤算もありました。やる気があって基礎的なこともできて、安く使える便利な人材を手放したくないから、江戸川橋の店主が柴木さんに「アイツは使えない」と嘘の報告をしていたんです。

北尾　そんなことをされたらたまったもんじゃない。入店した時には雰囲気がいい店だったなんて言ってましたけど、とんでもない仕打ちですね。

真介　下手したらこのまま延々と〝見習い研修生〟をやらされてしまう。幸いにも、その対応を見かねた兄弟子が柴木さんのところへ連れて行ってくれて、「真介は仕事ができないと聞いているだろうけど違います」と証言してくれた。それで、その日のうちにマスターの住むマンションに挨拶に行くことができました。

北尾　ようやく山岸さんに会えたんですね。

真介　マスターは僕が弟子入りを志願していたことさえ知らなくて、どうして僕が柴木さんに連れられてきたのかわからず驚いていましたね。経緯を話すと、すぐに東池袋へ戻ってきなさいと言われました。

最強の弟子になるための心得

北尾　でも、東池袋に戻ったらまた一番下っ端からのスタートになったんでしょう。いつも店には弟子がたくさんいたみたいだし。

真介　マスターは志願者をほぼ無条件に受け入れていたので、僕が弟子入りした二〇〇五年当時の東池袋には全国から集まった弟子が、常時十人はいました。マスターの方針は、来る者拒まず去る者は追わず。修業して出店した弟子は百人以上と言われていますが、修業に来たのはその倍以上いたはずです。そんなラーメン屋、聞いたことがないですよ。

北尾　いろんな事情を抱えた弟子入り希望者がいそうですね。

真介　マスターはどんな経歴の志願者にもチャンスを与える人でした。修業期間も何年もかかる人がいるかと思えば、半年で独立していく人もいる。一週間で逃げていく人もいました。店では修業中の弟子のことを研修生と呼ぶんですが、レベルの差が大きかった。できる人、やる気のある人はどんどん伸びるけど、弟子になることだけで満足して消えていくような人も結構いたなぁ。

北尾　入門料や指導料を取らないこともあって本気度がまちまちなんですね。

真介　ただ、たくさんの弟子がいても、厨房内で働けるのはせいぜい三、四人。大事な仕事は店のスタッフがやるから研修生はなかなかやらせてもらえない。それ以外の人が何をするかといえば、製麺やフロアを担当できればいいほうで、残りは外で行列の整理です。

北尾　十六席の狭い店ですからそうなりますよね。

真介　僕は研修生は弱肉強食の世界だと思ってたんです。いくら行列の整理がうまくなっても、アイツはがんばっているから厨房に入れてやろうとはなりません。早く厨房に入るためにはどうしたらいいのか。自分の武器を作ることだ。じゃあ、自分の武器って何なんだろうと、江戸川橋にいたときからいつも考えてました。

北尾　そうでもしないと埋没しかねない。

真介　そうなんです。研修生の仕事は、そばを打つ製麺、チャーシューを煮る、スープの仕込み、接客やレジ、掃除まで、いろいろとありますが、人数が多いので待っていたら仕事が回ってこないし、言われたことだけやっていても仕事を覚えられない。だから自分で探してやるか、教わって、先輩より良いものを作っていかないと研修期間が延びるだけなんです。そこで、まず僕は仕込みのときに存在感を示しました。

北尾　江戸川橋で一通りやっていたから、ブロックごとに肉をさばくのも、麺を打つのも、一人前にできるようになっていたんですね。

真介　そうです。普通は厨房に入れてもらうまで二、三カ月はかかるんですけど僕は早かった。というのも、柴木さんが「代打、田内川」とかって無茶振りするからなんですけど。

北尾　柴木さんも、なんだかんだ言って認めてくれていたんだ。

真介　いや、僕のことをつぶしてやろうと思っていたんじゃないですかね。そこで失敗したら当分チャンスは巡ってきませんから、慣れないうちにやらせてつぶそうと考えていたと思います。ところが、できるもんだから、ますます憎たらしい。柴木さんとはいまでこそ親しくさせてもらい、やる気とガッツのある研修生を、短期間で独立させる手段だったことが理解できるようになりましたが、修業中はもういつもバチバチ。「つぶしてやる」「やられてたまるか」の毎日でしたよ。

北尾　柴木さんは「愛のあるしごき」のつもりだったんだろうけど、やられる側にしたら時代遅れの徒弟制度でしかない。ただ、実力主義の世界で遠慮していたら話にならないのはわかるけど、真介さんも鼻っ柱が強いね。

真介　うーん、自分で言うのもおかしいけど、もともと僕は優しくて内気なほうで、闘争心が強いどころか、泣き虫だったんですよ。性格も、ずぼらで甘ったれ。ただ、言い出したら聞かないとか、約束したことは絶対に守りたいところがあって、それが負けず嫌いにつながっていったのかなぁ。

　真介が修業に打ち込む姿はやがて周囲を動かすことになる。東池袋へ戻る直前に、「独立して店を持つなら二つの職業は選べない」と、フィアンセのみや子が美容室を退職。仕事の流れを覚えるために洗い物やフロアを担当するアルバイトとして江戸川橋店で働くことなったのだ。夜も独立資金を稼ぐために神楽坂の割烹料理屋で働き、全力でサポートを買って出た。
ここまでされて意気に感じないはずがない。一日も早く、使える男であることを証明すべく、真介はチャンスをうかがうことになった。

真介　江戸川橋での三カ月のお試し期間が終わる前にみや子がアルバイトで入って、何週間か一緒に働いたことがあったんですが、こうして一緒にいられるだけで幸せだと素直に思いましたよ。ふたりで小さな店を切り盛りして食べていけたらそれでもいいな、なんてね。

北尾　独立して一発当ててやろうっていう野心はどこへ行ったの？

真介　いや、それはそうなんですけど……。

この話を聞いて、私はちょっと驚いていた。弟子入りしたときは、みや子の存在がプレッシャーになっていたのに、江戸川橋にいる間にそれが消えていたからだ。修業に手ごたえを感じていなかったら、フィアンセにそこまでされるのは重荷になり、一緒にいられるだけで幸せなんて呑気なことは言っていられないだろう。ところが、真介はそれを追い風と受け止めて自信を深め、素直に流れに乗っていく。
　私から見れば、いい風を自分のものにしてしまうこの独特の嗅覚のようなものこそが、現在に至るまでたびたび発揮される真介ならではの才能に思えるのだ。

北尾　ところで、独立を目指すにあたって先立つものはどれくらいあったの？
真介　それが……まったくなかった。バナナボートで稼いだ金を貯めておけばラクだったのに使い果たしちゃって。バカですよね。コンビニでアルバイトした微々たる貯金はあったけど、研修生の給料ではとても食っていけないのでたちまちすっからかん。あの時期はみや子に支えてもらってました。
北尾　頭が上がらないね。
真介　独立資金を貯めようとする気持ちはあって、節約しなくちゃと思っていたからデートもろくにできなくて。定休日の水曜日は、疲れ果てて夕方まで爆睡。その後にちょっと会うくらいだったかな。修業のことで頭がいっぱいだから、遊びに行く気分にもなれなかったんです。彼女にはつらい思いをさせていたと思います。
北尾　修業中の写真を見ると目つきが険しくて、やつれている感じがするよね。
真介　柴木さんからの圧力に耐えながら真剣に修業していた証拠です。でも、つらいことばかりでもなかったですよ。何だろうな、人生が始まったという喜びはありました。長い学生時代とフリーター時代を経て、〝ごっこ〟ではないリアルな時間が手に入ったんですから。

自主トレと根性で釜場を死守

北尾 その後、山岸さんは現場に復帰されたんですか。

真介 はい。しばらく休養して復帰したんですけど、足の具合が相当に悪くて、厨房にいる時間は極端に減ってスープのチェックをするくらい。外の椅子に座ってお客さんの相手をする時間が長くなっちゃった。

北尾 それが絵になるので、象徴的な存在としてますます人気が高まるという好循環が生まれていた。そうなると、厨房を仕切るのは相変わらず柴木さんということですね。

真介 釜場という麺を上げるポジションがあって、そこが店の司令塔にあたるんです。茹でた麺をざるで上げたり、器にスープを入れる最重要ポジションで、マスターがいるときはそこに陣取っています。

北尾 初入店した小学生のとき、カウンターに座ったら目の前に山岸さんがいた、あの場所だ。

真介　そこにはマスターのほかは柴木さんなど数人のベテランしか立てない。昭和二十年代かと思うような古い釜を使っていて、平ざるという丸いざるで麺を上げるんですが、その扱いが難しいんですよ。なかなか麺がまとまらない。

北尾　私も町中華の店主に「やってみな」と言われて平ざるを触ったことがあるので、手際よく麺をまとめるには経験が必要なのはよくわかります。その技術はどこで練習したんですか。

真介　自宅でやるしかないですよね。麺上げができなければ修業を終えられないのがわかっていたので、平ざるを自分で買って、余った麺をもらってきて自宅の風呂場で練習してました。あとは仕事の空き時間に首にかけているタオルをボウルの中に入れて上げるとか、江戸川橋にいたときから腱鞘炎になりそうなくらいやりました。

北尾　いつだったか、びっしり小さな文字で作業のポイントをメモしてある染みだらけの小さなノートを見せてくれましたね。あれも江戸川橋から始めたんですか。

真介　はい。材料とか調理時間とか、わからないことを質問して、そのたびに現場で書き記してました。厨房で書くからすぐスープや醤油の染みだらけになっちゃう。やることがいっぱいありすぎて、そうでもしないと覚えられない。

北尾　立ったままで殴り書きされた読みづらい文字から懸命な気持ちが伝わってきました。

真介　帰宅後にそれを清書するんです。自分の字が読めなくて苦労しました。卒業するまでやっていたから何冊にもなりましたが、初心を忘れないためにいまでも大切に持っています。僕の宝物です。

北尾　真介さんは虎視眈々《たんたん》と影で練習していたからうまくクリアできたけど、一発勝負で失敗して厨房からお呼びがかからなくなった研修生もいたんでしょうね。

真介　かなりいたはずですよ。「明日はお前にやらせるから」って予告されるなら準備もできるけど、急にくるから。僕のときも入って二週間で突然、「田内川、やってみろ」でした。ぶっつけ本番で客に提供する麺をつくることができるかできないかの勝負、一度きりのチャンスだと思ったから気合いが入ったなあ。

北尾　それをモノにしたんですね。

真介　でも、ほんとうに大事なのはそこから。今度は他の研修生たちにその場を奪われないよう死守しなければならない。少なくとも僕は「絶対に明け渡さない」つもりでした。先に入った研修生からは、「なんで真介ばかり釜場に立つんだよ」とやっかまれますよ。でも、そんなことはどうでもいいんです。釜揚げはやればやるほどうまくなるんだから。「悔しかったら奪ってみろ。ここに立ってなきゃ一人前になれねぇんだよ」と開き直ってました。

北尾　ほかにも、弱肉強食の世界を勝ち抜くためにしたことはありましたか。

真介　江戸川橋の先輩たちから、「材料一つにしても、なんでこれを入れるのか、すべてのことに疑問を持ちなさい」と言われたのがためになりましたね。どうしてここに生姜を入れるのか、ネギを入れるのか、すべて理由があるんだと。そこを考えろとアドバイスしてくれたおかげで、どうしてなのかを知ろうとする貪欲さが芽生えました。

北尾　目標が定まったときの真介さんは、持てる力を最大限に発揮しますよね。このときも短期間で先輩たちをごぼう抜きして、研修生のトップグループに入った。

真介　たぶん僕は、腹を決めてちゃんとやっているときは結果を出すんでしょうね。どうしようかと迷っているときは、いつもだめなんだと最近わかった。

北尾　最近までわからなかったんだ。

真介　迷ったら自重すべし。自分のことだからこそ、なかなか気づけなかったですね。

研修生のタイムテーブル

北尾　かなり忙しかったみたいですが、研修生の一日のスケジュールを教えてください。

真介　二パターンあって、早番は四時に出勤して十六時まで。遅番は六時に出勤して十七時まで。

北尾　その二つは何が違うのですか。

真介　早番はチャーシューを作るんです。それからスープなどの仕込みをして八時にまかないを食べます。研修生が多いので、その中でできる人が他の研修生に教えながらやっていました。

北尾　仕込みで技術を習得していかないと、十一時に開店したら午後三時の閉店までは忙しくて試行錯誤している余裕なんてないんでしょうね。店の前にずっと行列ができているんですから。

真介　はい。週末になると朝七時から並んでいる人もいましたよ。酒を飲みながら待っている客もいて、開店時にはベロベロになってる。

営業が終わると、片づけをして、まかないを食べて終わりになります。僕は釜揚げ以外だと製麺をよくやらされましたが、肉体労働だからすごく疲れるんです。家に帰って入浴したら、あとはもう寝るだけ。江戸川橋店にいた時にはみや子とふたりだけで店をやっていくのもいいと思っていましたけど、毎日へとへとになって身体がもたないので、その考えを捨てましたね。

北尾　繁盛店になればなるほど寿命が縮みそう。

真介　こんなに人数がいても朝から働きづめなのに、ひとりでやったら継続できない。やるなら分業制にして、スタッフを何人か入れようと決めました。

北尾　まかないは何を作るんですか。

真介　予算二千円と決まっていて、納豆とサラダ、味噌汁は絶対につけなきゃいけないルール。いろいろ作りましたよ。ハムエッグ、焼き鮭とか。二週間ごとの当番制でやってました。

北尾　ところで、山岸さんから直接指導を受ける機会はあったんですか。

真介　マスターはスープの出来を見るくらいだから、修業期間の前半はほとんど接触がなくて、ひたすら柴木さんのしごきに耐えてました。うっかりポカをすると丼まで飛んできましたからね。令和の時代にはあり得ない昔ながらのスパルタでした。

北尾　鬼軍曹だ。

真介　口が悪くて、指導も厳しすぎるから途中で逃げ出す研修生も多かった。それなのに、仕事が終わると優しくなって「田内川、飲みに行くぞ」と酒をおごってくれたりもするから、こっちはわけがわからないですよ。でも、当時はわからなかったけど柴木さんも大変だったと思います。マスターが倒れていた間、店を支えていたんですから。

初任給は三万円

北尾　ライバル関係にある研修生とはどういう距離感でやっていたのかな。

真介　柴木さんが悪役になってくれたおかげで結束が固まった。よく一緒にいたのは、店の近くの寮に住んでいた研修生ですね。研修生は二万円で、店が借り上げていた風呂なしトイレ共同の昔ながらのアパートの部屋に入れたんですよ。だけど給料は安い。研修生は三万円から始まって徐々に上がってはいくんですけど、とにかく金欠。自宅から通っていた僕なんてマシなほうで、寮にいる研修生たちは……。

北尾　食事して銭湯に行ったらもう終わりだ。

真介　僕は最終的に八万五千円まで上がったんですけど、そんな額でも気分は高給取りでしたからね。

北尾　それじゃあ、開業資金を貯めるどころではない。

真介　はい。毎日、あまりにも過酷なので、数人の研修生と気分転換に隅田川花火大会を見に行ったことがあるんです。最初はみんなで盛り上がってたんですけど、帰る車内では全員無言になっちゃった。明日はまた早起きして、柴木さんに怒鳴られるかと思うともう憂鬱で喋る元気も出ない。

北尾　修業期間は決められているんですか。

真介　期間は決まってないです。スープの仕込みや麺上げなどをマスターに見てもらい、合格すれば卒業となり、のれん分けもしてもらえます。マスターは弟子を信用する人なので、なるたけ卒業させてくれていたんだと思います。弟子志願者が列を成しているので、ある程度できるようになったら次を迎え入れる方針だったんでしょうね。年齢は二十代から五十代まで、まったくの素人もいればラーメン屋をやっていた人もいました。

北尾　のれんは比較的短期間で手に入るけど、よほどしっかりしていないと独立後に苦労するのが目に見えている。

真介　研修生のうち卒業できるのが半分程度。独立して成功する人となると、そんなに多くはなかったと思います。独立した先輩たちが〝討ち死に〟するのを見て、僕は一通りできるだけでは足りないと感じていました。スープ一つとっても、研修中なら味のチェックを受けられるけど、独立したらすべてを自分で判断しなくてはならない。そこまでの自信はなかなか持てませんでしたね。

地道な努力を続けていたある日、真介に転機が突然訪れる。何気なく拾った一枚の紙切

れが、その後の修業内容を変えてしまうのだ。

製麺室の片隅に落ちていた〝お宝〟

真介　研修生にとって、麺打ちはなによりも重要な仕事の一つですが、作業しながら身につけていくので、製麺室に入り浸ることになります。「大勝軒」では年季の入った昔ながらの製麺機を使っていました。二種類の小麦粉をブレンドし、かん水を入れて練り、製麺機で二度打ちして作る自家製麺で、スープと並び、「大勝軒」の味の根幹を成すものです。麺は天候や湿度の影響を受けやすく、かん水と小麦粉の比率や練り時間を微妙に変えることで味を調整していく。毎回異なる条件下で、ほぼ同じ味に仕上げるのは簡単ではありません。マスターは麺を打つ人のその日の心の状態まで影響するんだ、ってよく言ってました。言葉で説明するのが難しいわずかな差なんですけど、出来不出来がはっきり出るんです。

北尾　茹で加減もありますが、麺そのもののアベレージが高い店には通いたくなります。

真介　ある日、製麺室の掃除をしていたら、部屋の片隅になにか紙きれが落ちているのを

見つけたんです。何だったと思います？　マスターが「大勝軒」を開店した当時のメニューだったんですよ。

北尾　『お茶の水、大勝軒』にはその現物が飾られていますね。

真介　飾りたくなるほど、僕にとって大切なものになりました。持ってきたので見てください。

北尾　店のキャッチコピーが「独特なそばの味　大勝軒」となっていますね。中華そばが百五十円で特製もりそばが百六十円。安さに時代を感じます。シューマイや餃子、タンメン、五目そばの他にカツ丼などの丼ものもあって、町中華以外の何物でもない。

真介　そのときまで、僕は「大勝軒」はラーメンとつけ麺の店だと思い込んでいたんですよ。

北尾　拾った品書きに衝撃の事実を発見してしまったんだ。

真介　マスターはかつて、ラーメンやつけ麺だけでなく、数多くの料理を作って出していたんです。あまりにも驚いて、その品書きをついポケットに押し込んで持ち帰っちゃいました よ。ほかの研修生が知らない、自分だけの発見かもしれないと思って。

常連として通いつめ、熟知していると思っていた店の知られざる過去に興奮して、自分だけのものにしたくなった心理はわからないでもない。問題はその後。一介の研修生でしかなかった真介は、そのメニューを手に山岸の元を訪れるのである。ふだんは人見知りなのに、この男はときどき、やけに大胆な行動を取るのだ。

ラーメン職人として生きるなかで真介には何度かのターニングポイントが訪れ、そのたびに新しいことに挑戦するのだが、このときが特別なのは、師匠である山岸にまで大きな刺激を与えたことだろう。製麺室の片隅で埃をかぶっていたメニューを見せたことが、山岸自身も忘れかけていた町中華魂に再び火をつけてしまったのである。

持病を抱えてラーメン職人として思うような活動ができなくなっていた山岸にとって、それは待ちに待った瞬間だったのではないだろうか。

北尾　なぜ、山岸さんの自宅にまで押しかけようと思ったんですか。

真介　僕はマスターのことが大好きだったんですけど、じゃあ自分はこの人の何を知っているんだろうと考えさせられたんですね。子どもの頃は「大勝軒」のおじさん、常連になってからはマスターと呼んでいたから、じつは「山岸」という苗字は知ってたけど、下の名前すら知らなかったぐらいで。

北尾　いくら弟子に取ってもらえたからといっても、個人的な話をしたことがほとんどなかったわけですね。

真介　自宅にまで会いに行こうと思ったのは、スープやラーメンを作るのが楽しくなってきたからなんです。修業に入って一年経った頃だったかなぁ。

この頃の真介には、いい職人になるためにすべきことがやっとわかり始めてきた感触があったという。スープなら、なぜこの味になるのか、どの素材がそういう役割をしているのかということや、麺なら茹で方や上げ方で食感が変わってくるのがわかってきた。

でも、それは味の基本であって、その先は作り手の感性や考え方にかかってくる。真介は、どこまで極めるかは自分次第の、正解のない世界にハマり込んでいく自分を感じていた。

真介　ちょうどこの頃、「なんとなくおいしい」という曖昧で感覚的な把握の仕方ではなくて、なにをすれば理想の味にできるのかという具体的なやり方をやっと理解できるようになってきたんです。生姜を一片入れるとか、ネギを半分入れるとか、ほんとうに微妙なさじ加減なんですけど、それだけで味が見違えるように変わってくるんです。マスターはレシピなんかに頼ることなく、毎日、自分の舌で調整し続けている。そこであらためて、マスターってすごい人だなと思い知るわけです。

北尾　そのタイミングで、昔のメニューを見つけたんだ。

真介　そこにはこれまで聞いたこともないようなものもあって。たとえば、「カレー中華」。どんな味だったんだろうって想像するだけでウズウズしてきて、もう知りたくてたまらない。それで、マスターに聞きに行こうって。ラーメンやつけ麵のことなら店でも聞けるけど、メニューに載ってないもののことは聞けないでしょう。

北尾　江戸川橋の先輩がくれたアドバイス、「すべてのことに疑問を持ちなさい」がここでも効いてるんですね。山岸さんは歓迎してくれましたか。

真介　いきなり訪れたから、最初は「真介どうしたんだ」って驚いてましたよ。僕が製麵室で拾った当時のメニューを見せたら懐かしがって「よくこんな昔の見つけたな」と言われました。

北尾　山岸さんは奥さんを亡くされてから、ひとり暮らしをしていたんですよね。体調を崩されて外出もままならない時期に、弟子がやってくるのは嬉しかっただろうと想像します。真介さん以前に、昔のメニューに興味を抱いた弟子はきっといなかったんでしょう。

真介　僕が「このメニューは何ですか」とか尋ねると、だんだん思い出して教えてくれる。僕は教わったことをノートに記録し、家で真似するわけです。ときには実際に目の前で作ってくれたこともありました。そんな調子で、毎日のように仕事終わりにマスターの家に入り浸るようになっていったんです。

北尾　そんなに足繁く通ったんだ。仕事でへとへとになっても行くんですか。

真介　もう日課になっちゃった。僕が行くと「真介、今日もお疲れさまだったね」と迎えてくれる。最高でしょ。

北尾　弟子にも、ていねいな言葉遣いなんですね。

真介　マスターは誰に対しても壁を作らず、一緒にいると落ち着くし、明るく冗談を連発して楽しかったなぁ。悩み事があっても、喋っているうちに忘れさせてくれる。どんなに疲れていても、家に着く頃には「明日もがんばるぞ」と前向きな気持ちになれるんですよ。

最高の特別講義を独り占め

北尾　山岸さんとはどんな話をしていたんですか。

真介　マスターはお喋り好きだから、話題がすぐに脱線するのであっという間に二時間くらい過ぎてしまう。師匠と弟子という関係ではあるんですけど、毎日行くものだから距離はどんどん近くなりましたね。スープの作り方、チャーシューの煮方といった実践的なことも教えてもらったけど、雑談が多かったなぁ。マスターは酒が飲めなくて甘いものが好きだったから、ふたりでアイスクリームを食べてコーヒー飲みながら、亡くなった奥さんの話とか、オーディオや音楽の話も。昔は「大勝軒」にあった小部屋で、ジャズを聴きながらコーヒーを飲んで、パイプを吸うのが唯一の楽しみだったとも言ってました。とにかく話が尽きないんですよ。

北尾　定番の話題はありましたか。

真介　「昭和三十六年にここ東池袋で独立を果たしたんだよ」から始まる思い出話ですかね。僕が心の中で「その話はもう十回は聞いてるなぁ」なんて思っていると、いきなりエビチリの作り方になったりするから気が抜けない。わけもわからずメモを取ってましたよ。

北尾　夕方までは店で技術の修業をして、夜は山岸さんから、世界でひとりだけの特別講義を受けていたんですね。

真介　むしろ夜のほうが本当の意味での修業だったかもしれない。出身地である山ノ内町の話とか、マスターが店長を務めていた中野「大勝軒」での出来事を聞ける貴重な時間でした。知識のない僕にはわからないことも多くて、忘れちゃったこともあるんですけど。

北尾　山岸さん自身の駆け出し時代の話も？

真介　してくれましたね。年中無休で二カ月くらい一日も休みがなかったとか。マスターにもそんな時代があったんだな、と知って力が湧いてきました。話を聞くなかで仕事に対する考え方も変わってきた。

北尾　おっ、ラーメン屋で一発当てる野心に変化が？

真介　マスターの家でワンタンやタンメンの作り方を教えてもらっているうちに、自分がなろうとしているラーメン屋を、ただの金儲けの手段として考えちゃいけないと自然と思えるようになっていたんですよね。

北尾　それはすごい方向転換だ。

真介　「おいしいものを腹いっぱい食べさせて、お客さんを満足させたい。そのために努力を惜しまないんだ」というマスターの一貫した姿勢に感動したんです。一所懸命に味の話をしてくれているマスターを見ていて、その考えを継ぎたいという気持ちが強く芽生えてきました。

金が第一なのか、味やお客さんの満足が第一なのかで店の経営方針は大きく違ってくる。修業に入ったとき、真介は明らかに前者。それを、山岸は説教や自慢話をすることもなく、自分が料理を作る姿を通して、昭和世代らしい〝背中で語る〟方法で、親子以上に歳の離れた真介の考え方に劇的な変化を与えた。

しかし、変わったのは真介だけではないと私は思う。請われて昔のメニューを思い出しているうちに、山岸の心にも〝自分の味を残したい〟という気持ちが生まれてきたのではないだろうか。

北尾　もうその頃には、地域の再開発で東池袋「大勝軒」は取り壊されることが決まっていたんですよね。店は近くに移転して弟子のひとりが運営することになりましたが、山岸さんのキャリアは最終盤に差し掛かっていた。

真介　思い出の詰まった店ですから、その話をするマスターは寂しそうに見えました。

北尾　ラーメン職人一筋に生きて大成功した山岸さんに思い残すことがあるとすれば、店の繁盛と引き換えに消えていかざるを得なかった町中華メニューの数々だったとは考えられない？

真介　僕もそうだったんじゃないかと思ったんです。その昔のメニューを復刻して提供することで、少しはマスターの遺志を継げたのかな。

マスターの逆鱗に触れた苦い思い出

北尾　二〇〇六年の秋、真介さんもいよいよ研修生からの卒業を迎えます。正式に弟子入りしてから一年半、アルバイトの二年間を含めると、計三年半の修業になりました。独立までの青写真はあったんですか？

真介　ないです。

北尾　ない？　卒業前には、みや子さんが初の女性の弟子として研修生になりましたよね。

真介　彼女が江戸川橋でアルバイトしているのを知ったマスターが、将来ふたりで店をやるならこっちで修業しなさいと東池袋に呼んでくれたんですよ。

北尾　彼女の卒業に時期を合わせて開業の予定ではなかったんですか。

真介　その時点では具体的な話は何も決まっていませんでした。資金がないという理由もありましたが、僕自身に「いまの実力で独立していいのかな」という迷いがあったんです。

北尾　真介さんは迷ったら失敗する人でしたよね。

真介　マスターから昔のメニューを教わったこともあって、自分が店を持つときはラーメンとつけ麺以外のメニューも出したいと考えていたんです。でも、「大勝軒」しか知らずに開業するのは職人としての幅が狭くて不安じゃないですか。それで、ほかの店の味も勉強したいと思っていたら、たまたま銀座の老舗中華店に誘われたので、そこで働きながら資金を貯めて独立の時期をうかがうつもりでした。

北尾　「大勝軒」で修業してのれんを分けてもらうからには、ラーメンとつけ麺で勝負するのが王道なのに、「大勝軒」＋「老舗中華店」のいいとこ取りを考えたんですか。

真介　「大勝軒」の弟子としてそれでいいのかという迷いもあったけど、引き出しは多いほうがいい気がして。ただ、自分のなかで葛藤もあって、マスターに言いだしかねて何日か黙っていたら、「いつからウチに来てくれるんだ」って、僕の返事を待ちかねた銀座の店の人から「大勝軒」に話をつけにくるっていう連絡が入ったんですよ。

北尾　それはまずいことになりそうだ。

真介　そう思ったから、その日の夕方にマスターに伝えに行きました。そうしたら「ほかのラーメン屋に行く必要なんてない！」って、声を荒らげることこそなかったけれど、これまでに見たこともないすごい剣幕でした。「もう少し経験を積みたいと思ったんです」って僕が正直に言っても、「絶対だめだ。真介は『大勝軒』だけわかっていればいいんだ」の一点張り。「ほかの知識が入ると考え方が濁る。そうなったら『丸長』系の純粋な『大勝軒』の味ではなくなる」ときっぱり言われました。マスターにあんなに怒られたのは、後にも先にもこのときだけです。

北尾　その怒りに触れて、思いとどまったんだ。

真介　はい。独立するメドがつくまで、しばらくは「大勝軒」を手伝わせてもらえることになりました。

このときの真介は、まさに危機一髪のところにいた。山岸が怒るのも当然で、真介は破門されても何も言えない立場にあったのだ。もしそうなっていたら、山岸の味をそのままいまの時代に受け継ぐ者はいなくなり、あの山岸オリジナルのラーメンやつけ麺を、我々は食べることができなかっただろう。

北尾　そんなドタバタを経て卒業となった真介さんは、独立を目指して何から手を付けていったんですか。

真介　ほとんど一文無しでしたから、まずは資金をどうするか。銀行には相手にされず、恥ずかしながら、もう背水の陣で、オヤジに相談するしか方法が見つかりませんでした。うちの財政状況をよくわかってなくて、多少の蓄えはあるだろうとつい当てにしてしまった。

北尾　大学八年間の学費も出してもらったうえに、まだスネをかじろうとしたんだ。

真介　そうしたらオヤジは言うんです。「真介、母さんが何年も寝たきりで医療費がかかっているから、我が家にはかき集めたって数百万円しかないんだぞ」って。もうお先真っ暗でしたね。

北尾　みや子さんも加わって、三人での家族会議を何度も開いていたそうですね。
真介　でも、三人であれこれ言っていてもどこかに当てがあるわけでもなくラチが明きませんよ。そのうち「腹が減った」って飯を食いに行って親父に奢ってもらう、みたいなマヌケな日々でした。で、結局は親戚に頼み込んで借りたりして、なんとか資金を捻出したんです。
北尾　なんだかんだで最後は集めてしまうところがすごい。まさに総力戦だね。最終的に借金はどのくらいになったんですか。
真介　トータルで二千万円近くになりました。
北尾　独立するにはそんなにかかるんですね。場所はどのように絞り込んだんですか。
真介　昼間の人口が多くて周辺にのれん分け店がないという条件で探しました。お茶の水エリアは家賃が高く、保証金だけで数百万円。内装費や水回りなどを含めるとかなり初期投資がかかります。でも、僕は商売をするなら立地のいいところでしたかった。その点、靖国通り沿いでわかりやすい場所だったから、一見《いちげん》客も入りやすいと思ったんです。
北尾　神保町と小川町の間なのに〝お茶の水〟としたのはなぜですか。
真介　マスターに言われたんですよ。「真介、飲食店の名前は〝水〟に関係があると縁起がいいから、お茶の水にしたらどうだい」って。「お茶の水、大勝軒」とテンを入れたのは、そのほうが画数がいいから。縁起かつぎですね。

身体に染み込んだマスターの味

北尾　以前にも少し話を聞きましたが、具体的に独立に向けて動き出したこの頃に、山岸さんから、「真介、おまえだけは味を変えるなよ」と言われたんですよね。そこで、「はい」と即答したということでしたが、「独立」という新たな道に踏み出すにあたって、本音ではどう感じていたんですか。

真介　もちろん、プレッシャーはありましたけど、それ以上に、これで自分の店のコンセプトがはっきりしたという安堵もありました。それでやっていけるのならラッキーなのかもしれない。しかも、マスターからは「昔のメニューの復活をやっていこうか」とも言ってもらえたので、僕がボンヤリと考えていた店のビジョンがより明確になったんです。「マスターの味を守る」というはっきりとした目標を自分のなかに掲げることができた。あの言葉がなければ、ここまでまっすぐに走ることはできなかったんじゃないかな。

北尾　二千万円もの借金を抱えて不安なときに、素直にそう思えるのは、「この人の言うことを信じて失敗するなら悔いはない」という覚悟ができていたからですよね。

真介　そうですね。そこはなんの迷いもなく、マスターの味を提供できたら失敗はしないという確信が持てた。

北尾　ただ、そうなると、自分らしい味やメニューは封印せざるを得ないけど、それは気にならなかった？

真介　まったく気にならなかったです。だって、マスターは「変えるな」って言うけど、そのオリジナルの味を追求すること自体が僕にとっては永遠のテーマなんです。そもそも僕がどんなに努力しようとも、マスターの域に達することはできない。近くで修業をさせてもらって、僕もそれがわかるくらいには成長したつもりです。それでも、マスターの味にかぎりなく近い味なら提供できるはずだと思ったんです。それに、「復刻版メニュー」が提供できるなら、それこそ唯一の店になれるじゃないですか。

北尾　自分ならできると思ったんですね。

真介　できるかわからないけど、やらなきゃならないって。子どもの頃から食べてきて、修業もして、マスターの味が誰よりも身体に染み込んでいるはずだっていう自負はありましたよ。

どうして山岸が真介を味の後継者に指名したのかは永遠の謎だが、没後十年近く経って

も愚直に師匠の言いつけを守っている姿を見ていると、山岸は「真介なら自分を裏切らない」と考えたのではないかとも思えてくる。不器用でクヨクヨしがちな弱さを持つ一方で、これと決めたときにはまっすぐ前に進むことのできる弟子の性格を、山ほど会話を重ねた〝ラーメンの神様〟は熟知していたに違いないのだ。

最後の日に初めて目にした特別な小部屋

北尾　二〇〇七年、三月二十日に再開発計画によって、山岸さんが愛してきた東池袋の「大勝軒」はついに閉店を迎えることになりましたが、そのときは真介さんも行ったんですか。

真介　もちろん。弟子たちが大勢で手伝いました。店がなくなることを惜しむ三百人以上のお客さんの大行列で、テレビカメラが何台も来て騒然としてましたよ。修業で慣れ親しんだ店でしたけど、じつは閉店後に初めて目にした部屋もありました。

北尾　修業していたのに、見たことのない部屋があったんだ。

真介　旧東池袋「大勝軒」は一九六一年六月六日に開店したんですが、当初は住居と兼用で一階部分で営業して、店舗スペースの隣にある和室がマスターと奥さんの住まいになっていました。しばらくして二階部分も借りると、そこにある小さな部屋にマスターの趣味だったオーディオを置いて、休憩時間にはいつもジャズのレコードを流していたそうです。自宅に行ったときに、マスターがその話を嬉しそうによくしてくれました。

北尾　ラーメンとジャズのギャップがいいですね。

真介　マスターが板橋に家を買ってからは住居としては使われなくなるんですけど、店が休みの日以外はいつもそこで過ごしていて、働きづめのマスターが、唯一、寛げるスペースだったんですね。でも、八六年に奥さんが病気で急逝すると、マスターはひどく落ち込んで、ふたりの思い出が詰まった一階の和室を封鎖して誰も入れなくしてしまったんです。弟子にも立ち入り禁止を言い渡したそうです。生きる気力を失って、半年ほど休業した後に、閉店する決意までしていたといいます。開店以来、奥さんはスタッフとして店の運営を支え続けていたから、マスターは「陰の功労者」だっていつも言ってました。「今はどんなに大変でも、老後を楽しくやろう」を合い言葉に、励まし合ってやってきたそうです。

北尾　それはショックだったでしょうね。

真介　奥さんが亡くなって以来、ずっと開かずの間で、誰も入ったことがない部屋を、閉店から数日後の店を取り壊す日に初めて目にしたんです。畳は腐って床も抜けてましたけど、家財道具はそのまま整理されずに残されていて、ここで奥さんと仲睦まじく過ごされてきたのかと思うとたまらない気持ちになりました。二階の小部屋にもまだオーディオや埃をかぶったジャズのレコードが整然と並んでいて、マスターが築いてきた「大勝軒」の長い歴史に思いを馳せて、まだ自分の店のことは何も決まってませんでしたが、これだけ愛された味をちゃんと残していかなくてはだめだっていう気持ちになりましたね。

北尾　それから約半年後の二〇〇七年九月、いよいよ自分の店をオープンさせるわけですが、その顚末は次回にゆっくり聞かせてください。なんだか、山岸さんのつけ麺を無性に食べたい気分です。

第四章

偉大なマスター亡きあと、心に誓ったこと

「大勝軒」への弟子入りで、ようやく人生を切り開くことのできた真介は、二〇〇六年九月、初めての自分の店となる「お茶の水、大勝軒」を神田・神保町にオープンする。

約二千万円の借金を抱えて人生の勝負どころを迎えた心境とはどんなものだったのか。味を変えないことが何をもたらすことになるのか。そして、晩年を迎えた山岸との関係は……。

拠り所はスターバックス

北尾　二十九歳にして念願の独立を果たしたとき、山岸さんにかけられた印象的な言葉はありますか。

真介　「三年はいまの自分のやり方を変えないでやったほうがいいよ」って言われたなあ。「毎日の積み重ねで、自分が求めている理想の味になっているのかどうかがわかってくるはずだから、教えたことをまずは三年続けなさい。材料も、足したり引いたり余計なことをしないほうがいい。変えるのはそれからでもできる。字でも、楷書をきっちりやると行書もできるんだよ」って。これは、軸がブレるようなことをするな、という意味だと思いましたね。

北尾　開店前はかなり慌ただしかったんじゃないですか。

真介　もう、ドタバタなんてもんじゃなかったですね。何をしていたか思い出せないほどです。なによりも、いちばん大切な味がなかなか定まらなくて……。

北尾　研修生を卒業したのが二〇〇六年一月で、九月に開店するまでの間も東池袋を手伝っていたから腕は落ちてないでしょう。

真介　味のこと以外にも新しい調理器具に慣れる時間が必要だし、スープであれ製麺であれ、お客さんに提供できるレベルに持っていくには微妙な調整が必要なんですよ。スタッフ間の意思疎通や配膳までのオペレーションなど予め準備しておかなくてはならないことは山のようにあるのに、なかなかうまくいかなくて。

北尾　たとえば味の根幹を成すスープだと何が問題だったの？

真介　どこがどうというより、一口目でガツンとくるものがない。でも、味のことについては、マスターが小まめに顔を出してくれていたから直接訊くことができたんです。むしろ、調理から配膳、片づけまでの手際のいいオペレーション構築に手こずりましたね。

北尾　スタッフはどうやって集めたんですか。

真介　まず、フロアは店のことをいちばんわかってくれているみや子に回してもらうことにして、あとは「大勝軒」の先輩や仲間に声をかけて、大学時代に滝野川のアルバイトで世話になった先輩にも来てもらいました。厨房は僕も含めて四人体制でした。

北尾　「大勝軒」の味をある程度わかっている人が五人いれば、まずまずの陣営に思えるけど。

真介　そんなことないですよ。手本となるべき僕が、スープの味一つビシッと決められずにイライラしているので、スタッフは働きにくかったと思います。予算がなくて、開店前の宣伝も店の前でチラシを配るくらい。これでお客さんが来るのかとほんとうに不安でしたよ。でも、スターバックスが近いから立地はいいはずだと自分に言い聞かせてました。

北尾　スターバックス？

真介　スターバックスは出店前に立地調査をしっかりやると聞いていたから、その近くなら人通りも多くて大丈夫だろう、って。

北尾　個人で店を開くとき、とりあえずオープンして徐々に定着を図る長期戦の考え方と、短期戦で一気に集客していこうとする考え方がありますが、真介さんはどっちでしたか。

真介　短期戦です。理想的なのは、オープン前から話題を作って集客する短期型と、味やサービスの良さで地域に愛されていく長期型を兼ね備えた店ですけど、準備段階で借りたお金を使い果たしちゃって、これからの運転資金がおぼつかなかったので、すぐにでも現金収入が欲しかったんです。

北尾　「大勝軒」の経験者を集めようとしたのも、即戦力が欲しかったからなんですね。

真介　最初は経験者がいてくれたほうが心強いと思ったんです。

〝みや子の乱〟勃発

北尾　開店日は無事に迎えられたんですか。

真介　いや、それが……。開店の前日になって、それまで溜まりに溜まったみや子のストレスが爆発してしまうんです。スープの確認をしに、マスターが来てくれたときのことでした。

北尾　師匠としては弟子の様子が気になるところですもんね。

真介　僕はマスターがわざわざ来てくれたので、「お寿司を買ってきて」とみや子に頼んだんです。そうしたら、かっぱ巻きを買ってきたんですよ。考えられます？　で、「なんでちゃんとした握りずしを買ってこないんだ」って怒ったら、「もう、お金がない」って。

北尾　資金繰りがもうそこまでギリギリの状態だったんですね。

真介　マスターにも「みや子ちゃんが買ってきたんだから黙って食べるんだよ」と戒めら

れてしまって。それだけなら笑い話で済むんですけど、この一件でみや子がカンカンに腹を立てて実家に帰ってしまったんです。

北尾　開店前日に〝みや子の乱〟だ。でも、みや子さんの心中を察して、痛いほどそのときの気持ちがわかるなあ。それまで、予算のない苦しい中でもなんとかやり繰りをして、開店に向けてサポートし続けてきたわけですからね。

真介　トロさんの言う通りなんです。どうしてもっと感謝の気持ちを持って接することができなかったのかって、今なら思えるんですけど、そのときの僕はもう店のことだけしか考えられなくて。店で唯一の身内である彼女に頼り切って、甘えがあったんです。

北尾　まさに、テンパりまくっていた様子が想像できます。

真介　そうなんです。でも、その後、一カ月は電話にも出ないし、実家を訪ねて謝っても許してもらえなかったんですよ。

北尾　きっと、みや子さんは、忍耐強くて、ギリギリまでがんばっちゃえるタイプなんでしょう。で、いよいよ限界にくると、それまでに自分のなかに溜め込んでいたものが一気に大爆発してしまう。

真介　そういえば、勝浦にいた頃にもそんなことがありました。

北尾　それ聞いた覚えがあるなぁ。ソフトクリームを食べる、食べないで口論になって、それがきっかけで別れ話にまで発展して、彼女が東京に戻っちゃったんでしたよね。きっと、そのときも、慣れないバナナボート屋の客集めをずっとやらされ続けて、かなりストレスが溜まってたんじゃないかな。

東京に戻った彼女がしばらくして勝浦に連絡したら、真介さんは電話口で泣いてよりを戻そうとしたとか。

真介 ……ソフトクリーム事件。そんなこともありました。

北尾 今度はかっぱ巻きが引き金となった。

真介 どこで地雷を踏むかわからないもんですね。まぁ、だいたいのケースは僕が悪いんですけど。

北尾 私も、結婚して三十年以上になりますが、いまだにわかりません。

いざオープン、お客さんの反応は?

真介 悪いことは重なるもので、厨房に入ってもらうはずだった先輩のひとりも、オープン前日に辞めてしまったんです。

北尾 最悪の門出になってしまったんだ。とはいえ、前に進まないわけにはいかない。いざ、オープンを迎えて、肝心のお客さんの反応はどうだったの？

真介　それが、おかげさまで初日から行列ができるほどの盛況でした。東池袋の味を知り尽くした常連客がマスターから話を聞いて来てくれたりもして。修業中から「真介」と呼んでかわいがってくれた人も多かったです。

北尾　研修生なのに馴染み客がいたんだ。

真介　元をたどれば、みんなマスターのお客さんです。東池袋ができたときから通っている常連さんは味にシビアだから緊張しましたよ。なにせマスターの味を知り尽くしている。いまでも当時の常連さんが定期的に来てくれて、大切なご意見番になってくれています。

北尾　山岸さんの味とともに生きてきた猛者たちだ。

真介　ありがたいことに、近くで働く方たちにも気に入ってもらえたみたいで、常連になってくださいました。いまでも、あの不安を抱えていた開店時に食べに来てくださったお客さんには感謝しかないなぁ。

のれんの威力を実感

北尾　私はそれには「大勝軒」という看板の大きさもあったのだろうと感じます。いくらおいしくても、聞いたこともない店だったら、いきなりそこまで盛況にはならない。

真介　たしかに、マスターがこれまで築いてきた「大勝軒」というのれんの威力があっての盛況ではあると思います。ただ、それでも僕にとっては嬉しいことでした。心配していたオペレーションはまだかろうじてやり繰りできている状態で、当初はお客さんからお叱りを受けることもよくありました。開店から一カ月ほどは無休で営業していたから、僕はほとんど店で寝泊まりしてました。

北尾　期間限定のイベント出店じゃないんだから……。

真介　でも、そうでもしないと製麺やスープの仕込みが追いつかない。睡眠時間は三〜四時間しかなくて、これじゃ身体がもたないと思って、日曜を定休にしたんです。正直言って、この時期の味はまだ完ぺきとは言い難かったから、お客さんに申し訳ないという気持ちもどこかにありましたね。

北尾　マスターのお客さんたちにはダメ出しされなかったの？

真介　うーん、お祝いムードに水を差すことになるから黙っていてくれてたんじゃないかな。でも、たぶんわかっていたと思いますよ。体力的にもギリギリで、まだツメが甘かったはずですから。

北尾　そこまで忙しいと、一刻も早くみや子さんに戻ってきてもらいたかったでしょう。

スタッフの補充も急務だよね。

真介　彼女には頭を下げまくってなんとか戻ってもらいました。それからはオペレーションもかなりスムーズになりました。あのとき、戻ってきてくれなかったらと考えるとゾッとします。スタッフは一般募集をかけて再編成しました。やっと一息つけたのは、開店から二カ月くらいしてからでしたね。

開業と同時に盛況で売り上げも好調となれば自慢話の一つも出そうなものなのに、毎日、店の床でわずかな眠りをむさぼっていたあの頃を思い出したのか、真介の口ぶりが急に重くなった。

「あのときは、あれが精一杯だったんだよ」という心の声が聞こえてくるかのようだった。

開店後、借金の返済はどうなったのか、そこも気になる。

調子が良すぎて怖い

北尾　開店後の売れ筋ナンバーワンは、やっぱりラーメンだったんですか。

真介　そう思うでしょう。ところが、十人中八人はつけ麺で、一日中、作ってました。一時、ブームのように扱われた時期もありましたけど、じつはつけ麺の人気は定着していたんですよね。実際に店をやってみて、それがはっきりわかりました。

北尾　いくら有名店でも、東池袋で行列に並んでまで食べようとするのはよほどのファンだけだろうから、どこかで「大勝軒」の名前を耳にしたことがある人にとっては、「あのつけ麺の本家本元が近所にできたから行ってみよう」ってなるでしょうね。

真介　そういう人たちが口コミで広げてくれたのか、日増しに行列が長くなっていきました。

北尾　山岸さんの愛弟子が出した店ということで、取材の申し込みもあったでしょう。

真介　はい。宣伝費ゼロで始めたから、ありがたいことだと思ってすべて受けました。年末にかけて雑誌などが発売されると、それを見た人たちがまた大勢来てくれた。

北尾　真介さんはいまでも取材に対して前向きですね。どんな小さな媒体であっても可能なかぎり引き受けるのは、開業時に効果の大きさを知ったからなのかな。

真介　マスターがそうだったんですよ。マスコミは無料で宣伝してくれるんだから大事にしなさいってよく言ってました。

北尾　四十代以上のラーメン好きの多くが、トレードマークの白タオルを頭に巻いた山岸さんの姿を思い浮かべることができる。それくらい、山岸さんは多くのメディアに登場していましたよね。

真介　テレビのドキュメンタリー番組とかにも出てました。でも、宣伝のためにどんな内容の番組にでも出るというわけではなかった。マスターは他のラーメン屋の味をあれこれ言うのが嫌いで、〝ラーメン屋対決〟みたいな企画への出演は断っていました。僕もその一線は守ろうと自分に言い聞かせています。

売り上げ目標は月商三百万円

北尾　真介さんはラーメンの職人であると同時に、独立したことで経営者にもなったわけですが、売り上げ目標をどのあたりに置いていましたか。

真介　一日に十五万円から二十万円あれば上々。月の売り上げが三百万円あれば損益分岐点を超えて安全圏だと算段していました。それが、蓋を開けてみたら一日平均三十万円以上の売り上げがあって、月商一千万円近くにまで達したんです。しかも、終日、途切れることなくいいバランスで店を回すことができていた。まさか、目標の三倍までいくとは思っていませんでした。

北尾　ほんとうにラーメン屋で一発当てちゃったんじゃないですか。バナナボートの頃なら毎晩飲み歩いていたところですよね。

真介　いや、怖かったですよ。一千万円近い月商が永遠に続くような気にもなるし、その一方で、数字しか目に入らなくなったらおしまいだと思う自分もいた。こんなのは一時のブームだから、ちょっと気を抜けばたちまちお客さんが減ってしまうなんて、悪いことばかりを考えてしまったりもして。その間を行ったり来たりするような感じでした。

北尾　でも、現実にはじゃんじゃんお金が入ってきたわけですが、その利益をどうしました？

真介　おもに借金の返済に充てました。ゆっくり返すほうが税制的に有利だとわかっていたんですけど、二十九歳の若造にとって、二千万円はプレッシャー以外の何物でもなかったんです。だから、一年もかからずに完済したときはスッキリしたなぁ。みや子の親戚からも借りていたので、返すまでは結婚できませんでしたからね。それから結婚式場を探して、二〇〇八年六月に自分たちのお金でやっと式を挙げることができました。

独立後すぐに目標の三倍を売り上げても天狗にならなかったのは、「これはマスターのおかげであって自分の力ではない」という思いがあったからだろう。山岸の知名度と信用が客を呼んでいることを真介自身もよくわかっていたのだ。だからこそ、どんなに儲けが出たとしても、いまやるべきなのは借金を返し、念願だったみや子との結婚を果たすことだと、自分のするべきことを整理できたのだろう。

借金完済と結婚の話になった途端、それまで見せることのなかった晴れ晴れとした顔になったのを見て、なんだか私までスカッとした。

攻めの経営に転じて渋谷店をオープン

北尾　経営者として真介さんは、二〇〇九年に店舗を増やす決断をします。せっかく店が軌道に乗ってきたのに、また借金を抱えての挑戦をあえて選んだのはなぜだったんでしょう。なにか心境の変化があったんですか?

真介　スタッフを抱えることになって、責任感が生じたんですよね。

北尾　責任感?

真介　夫婦だけでやっていくなら一店舗で十分でも、スタッフを雇うからには彼らを昇給させていかなくちゃならない。年に一、二度の昇給を考えると、一店舗では不安があったんです。いま良くたっていつ何が起きるかわかりませんからね。それで、リスクヘッジとしてもう一店舗出そうと考えたんです。好調だったから強気になって渋谷に店を出すことにしました。明治通り沿いのラーメン屋激戦区で家賃が月百万円。また借金が二千万円できましたが今度は借りやすかった。「お茶の水、大勝軒」が当たっているのを知った金融機関が、今度は「どうぞ借りてください」と手のひらを返してきた。世の中ってわかりやすいですよね。

北尾　一店舗でも忙しいのに攻めましたね。

真介　そのバカ高い家賃をカバーするために深夜一時まで営業しましたよ。二店舗を行き来して朝から深夜まで働きづめ。渋谷店は十四人しか入れない小さな店でしたが、回転が良くて、二年もかからずに借金を完済できました。

北尾　ラーメン屋激戦区での好成績。これは自信になったでしょう。

真介　商売のコツがわかってきたのか、肉体的にはきつくても精神的には充実してました。でも、二店舗あったので、僕が厨房にいるかどうかが、売り上げにも影響するようになってしまった。お客さんはマスターの味を理解しているのが誰か知らないはずなのに、僕がいないと如実に数字が落ちるんです。

北尾　スタッフが育つまでは、どうしてもそうなってしまいますよね。

真介　そう考えると、マスターが生涯、自分の店を一店舗しか出さなかったのは正しい判断なんですよ。それと、後になって思ったことですが、マスターは経営者としても優れていました。小さな店一つをブランドにして、ラーメンとつけ麺だけで都内に一軒家とマンションを持つなんて、ちょっとやそっとじゃできない。

北尾　山岸さんは渋谷進出をどう見ていたんでしょうか。

真介　僕はマスターと経営者っぽい会話をしたことはなかったし、指導されたこともありません。独立した弟子にああしろ、こうしろと細かいことは言わない人でしたから。ただ一言、「真介が渋谷でうまくやれたら本物だね」って。渋谷のオープン時にも手伝いに来てくれました。

北尾　渋谷での借金も早々に完済した真介さんは、山岸さんの言う〝本物〟になりましたね。

勝浦に出店した理由

真介　ここまではかなり順調でした。でも、あの地震で状況は一変します。

北尾　そうか、二〇一一年三月の東日本大震災。

真介　売り上げがダーンと一気に落ちました。リーマンショックのときとは比べ物にならない。自粛ムードが広がって半年間ほど景気が低迷し、高い家賃がのしかかってきました。まるで、大家のために働いているかのような日々でしたよ。以降は赤字になりがちで、結局、一五年三月で閉じました。

北尾　でも、地震の後も四年近く営業を続けたんですね。赤字でも営業を続けたのは、そう簡単にスタッフの首を切れないという経営者としての責任感からですか。

真介　いや、景気が戻ればまた繁盛店になると信じて辛抱していたんです。どんな逆境にあろうとも、攻めの姿勢だけは変えたくなかった。一二年には勝浦にも出店することになりました。

北尾　勝浦！　思い出の地だ。それにはどんな経緯があったんですか。

真介　バナナボートのときに挨拶に行った地元の親分が引退して、「いい物件があるから勝浦に『大勝軒』を出したらどうだ」と声をかけてくれたんですよ。

恩があるから断りにくいというのもあったけど、店を始めてからは精神的に張りつめた日々が続いて、趣味なんて一切できなかったから、海の近くに店を出したらちょっとは息抜きができるかな、という思いも少しあって。マリンジェットもずっとハーバーに預けっぱなしでしたし。

北尾　店を出せば勝浦に行くのも仕事のうちだ。

真介　義理と言えば、僕のことをかわいがってくれたサーファーの先輩との思い出もあります。その先輩はマリンジェットに夢中になっていた頃、どこの馬の骨ともわからない学生だった僕に、「これ使え」ってポーンと百万円投資してくれたんです。なんの目標も持てずにぶらぶら遊んでいたときには、「おまえは若いんだから東京でやり直せ」って背中を押してくれたこともありました。

　僕が独立してからも応援してくれて、渋谷店のオープン前日には、「何があるかわからないから軍資金として使え」って、三百万円もの大金を何事でもないかのように渡してくれました。それなのに、その晩うちに泊まって帰っていった先輩が、次の日に波乗りをやっていて死んじゃったんですよ。

北尾　ええっ！

真介　僕は営業中に厨房で訃報に接したんですが、信じることができませんでした。だって前日、東京駅まで送ったばかりだったんですから。手を振って別れて、それが最後になってしまった。お金はすぐに奥さんに返しに行きました。いまでも勝浦へ行くと挨拶にうかがってます。勝浦は僕の青春時代がギュッと詰まった第二の故郷のような場所で、その先輩もそうですが、とにかくいろんな人に世話になってきました。そのおかげでここまで来られたのだと思っています。

北尾　人の縁を大切にする真介さんだからこそ、勝浦でもさまざまな出会いに恵まれたんでしょうね。

真介　ただ、いくら勝浦が自分の出発点となった大切な場所だからといって、情に流されていただけではありません。勝算がなければ出店しないですよ。海沿いに飲食店が少ないので損はしないだろうという計算もありました。そうだ、トロさんも勝浦店に来てくれましたね。

北尾　B級グルメで有名な「勝浦タンタンメン」もメニューにあって、うまく地域に溶け込んでいると思ったものです。海も近くていいロケーションでした。

勝浦店は二〇二四年に閉店したが、世話になった人たちへの義理を果たすだけではなく、人材確保の点で重要な拠点ともなった。近くにある体育系大学の学生アルバイトが活躍し、卒業後にスタッフとなる者も現れた。

真介　行くたびに宿を取るのはもったいないので、安く売り出されていた温泉付きマンションを購入して、そこでよくアルバイトの学生に飯を食べさせてましたね。僕にとっては家族のようなものだから、バイト代を払うだけの関係にはしたくなかったんです。

北尾　バイト終わりにマンションに集合するんだ。バナナボート時代のように、勝浦にいると大勢でわいわい過ごしたくなるのかな。

真介　いくら店を増やしても、僕はただのラーメン屋ですよ。勝浦では相撲部屋の親方みたいなものだったのかな。

「日曜も店を開けなきゃだめだ」

北尾　真介さんはその後、「株式会社　大勝軒ＴＯＫＹＯ」を設立。上野や神保町などにも出店して社長業が板についていきます。経営者として急成長していく間も、山岸さんとは会っていたんですか。

真介　もちろんですよ。定休日にマスターを訪ねては、スープのわからないところとかを相談していました。店にもしょっちゅう来てくれましたよ。開店してしばらく経った頃、定休日の日曜に店でマスターと復刻メニューの研究をしていて、ランチを食べに街に出たんです。そうしたら、日曜日なのに開店を待つ行列ができている店があったんですよ。それを目にするなり、マスターはすかさず、「真介、これは日曜日も店を開けなきゃだめだ」って。

北尾　ダテに長年、店を張ってきたわけじゃない。

真介　それで月曜定休に変えたんです。

北尾　山岸さんは無給で来てくれていたんですか。

真介　お金なんて取るわけがないじゃないですか。

北尾　ふたりの親密さを考えると、山岸さんも〝現場〟にいるのを楽しんでいたんでしょうね。

真介　僕もそう思います。営業中にフラッと来てくれることもあるんですけど、血が騒ぐのか、すぐに厨房のスープの鍋の前に陣取って、独特のオーラを発してましたね。マスターがいるだけで店の空気がピリッと引き締まる。スープの味見をしてもらうだけで僕も安心できました。

北尾　引退してからも、スープの探求は永遠の課題なんですね。

真介　スープは作り立てがもっともおいしくて、時間が経つと酸化しちゃうんです。朝に仕込んだスープは午後三時くらいになるとどうしても味が落ちてくる。マスターに相談したら、「酸化したらタマネギを入れる以外にないんだよ」って教えてくれました。それだけでスープの味が見違えるほどよくなるんです。マスターは食材を使って魔法のように酸化に対抗する。研修中には学べなかった応用術がいろいろあるんです。

食べたことのない味を復刻する

北尾　そうなると、独立してからも新たに学ぶべきことはたくさんあったわけだ。

真介　スープの研究はもちろんですが、復刻メニューを出していくために勉強することもたくさんありました。

北尾　開店当初から復刻メニューは出していたんですか。

真介　餃子、シューマイ、タンメンはメニューにありました。

北尾　私は町中華探検隊の隊長なので、餃子とシューマイが揃っているのがうれしい。手間がかかるので、最近では人気の高い餃子しかメニューにない店が多いんです。この二つを取り入れたのはマスターの要望なんですか。

真介　いや、メニューは僕が決めています。その二つは子どもの頃に東池袋「大勝軒」で食べて、うっすらと味の記憶があったから。細かいところは忘れていても、食べたことがあるかどうかで復刻のしやすさが全然違ってくるんですよ。

北尾　そうか、そのほかの復刻メニューは真介さん自身もオリジナルを食べたことのない味を再現する作業になるんですね。タンメンなら、〝タンメンとはこういうもの〟という先入観を捨てて取り組まなければならないんだ。自分の知っているその料理の味ではなくて、あくまでも、山岸さんのオリジナルの味を再現するための作業ですもんね。

真介　そこがいちばん難しいところなんです。

定休日の厨房に、親子以上に歳の離れたラーメン職人がいる。ふたりは半世紀以上前のメニューを再現して、いまの客に食べてもらおうとしている。真介にしてみれば、初めて経験する古くて新しい味。山岸にとってはかつて自分が作っていた懐かしい味。同じ手順で作っても、調味料などが少し違うだけで仕上がりは変わってくる。どう工夫して、当時の味にしていくか考え込む真介に山岸がかける的確なアドバイス。

厨房ではどんなやりとりが交わされていたのか、さらに話を聞いてみた。

ケロリン桶でかん水を投入

北尾　山岸さんからマンツーマンで教わるわけですから、わかりやすくてスムーズに頭に入ってきたんじゃないですか。

真介　そう思うじゃないですか。ところが、これがそう簡単にはいかないんです。いつもマスターの話を聞きながらメモを取って、レシピを作ることから始めるんですけど、すでにもうその段階で難関が待ち構えているんです。なぜだかわかりますか？

北尾　うーん……。

真介　マスターは量の単位が独特なんですよ。「これを何グラム入れる」というような、いわゆるレシピ的な作り方をしないんです。かん水を器で何杯とかはあるんですけど、その器がケロリン桶ですからね。

北尾　銭湯によくあるあの黄色い桶ですか。

真介　はい。厨房であれをいつも使うんです。ケロリン二杯半とか。でも、それも目分量だから正確な量はつかみ切れない。「えっ？」と思っているうちに作業はどんどん進んじゃう。そんな調子だから、毎回分量も同じではない。そこで、ノートに「ケロリン二・五杯」とかメモしておいて、後で試作したものをマスターに味見してもらうんです。ほかもすべてパッパッと感覚でやっちゃうし。

北尾　数値化しづらいんだ。

真介　計量カップで作ってくださいなんて言えないですもん。でも、そこはメモを元に僕が数値化していけばなんとかなる。試行錯誤しながら作れば、なぜその分量なのかもわかってくるから、時間はかかるけど無駄にはならない。

北尾　遠回りのようで、そこを経ることでしっかり身についていくんですね。

真介　ただ、そうやって苦心してレシピを作っても、それだけではだめなんです。レシピはあくまで基本の目安でしかない。

北尾　レシピが決め手にならないとはどういうことですか。

真介　火加減や材料を入れるタイミングなどの微妙なところで、まったく違う味になるからです。マスターが作るとピタッと決まる。そこは経験とセンスなんだけど、センスで片づけちゃったら進歩しないので、修正を繰り返してコツを覚えていく。

　でも、復刻メニューの場合は目指すゴールが、僕がおいしいと感じる味ではなく、食べたことのない昔のメニューでしょう。その過程で、そうか、こういうことかってマスターの哲学を理解できる楽しさがあるんです。

北尾　たとえば、それはどういう点ですか。

真介　すべての料理の根幹となるラーメンスープで説明すると、マスターのスープは煮干し、鯖節、鶏ガラ、ゲンコツ、丸鶏、各種の野菜など二十種類以上の素材を惜しみなく使います。

　だから原価も高くなる。火加減などの調整やタイミングも複雑で、腕に自信があって、味にも確信が持てないと、普通の感覚では怖くてなかなかできない作業です。でもそのやり方をあえて貫くことで、理想の味に近づいていく。一見、感覚的なようでいて、そこには長年の経験に裏打ちされた、マスターだけの厳密な基準があるんです。

仕上げについても、生姜は甘みを切るため、ネギは塩分調整と濁りを抑えるため、ニンニクやコショウはコクを出すため、ブラックペッパーはキレを出すためというふうにそれぞれに理由があり、入れるタイミングにも法則があります。

北尾　山岸さんは毎回、それを完ぺきにやってのけるんですね。

真介　いや、マスターでさえ、よくできたと思えるのは年に二、三回しかないと言ってましたね。丸鶏のサイズも違えば、野菜の出来栄えも違うから、同じ手順を踏んでも別物が出来上がってしまう。鍋の中でゲンコツをあまり移動させすぎると白濁を起こして豚骨ラーメンみたいになっちゃいますが、ある程度いじらないとエキスが出ず味に迫力がなくなる。ゲンコツを入れる位置によっても仕上がりが違ってくる。さらに、気温や湿度（高いとスープが濁りやすい）、作り手の体調も影響してくる。

そうなると、料理人の実力とはレシピには書かれない総合力をいかにコンスタントに高いレベルでまとめ上げるかにかかってくる。とくに麺は個人差が出やすくて、同じ工程で打っても仕上がりがかなり違ってきてしまう。

北尾　おいしいとはどういうことか、否応なく考えさせられますね。

真介　古い考えのようだけど、「愛情を込めた料理はおいしい」ってよく言うじゃないですか。これって、作り方のノウハウではなくて気持ちの問題でしょう。できることをし尽くしたら、最後はそこに行き着くのかなと僕は思うんですよね。

マスターの原点は「おいしいものを腹いっぱい食べさせてあげたい」という気持ち。ただそれをふんわりと思っているんじゃなく、そのためにどうすればいいかを若いときから徹底的に研究してきた人なんですよね。だから、作るものに一本筋が通っていて、何を作ってもマスターの味になる。

北尾　山岸さんの本に「ラーメンの味は豚ガラ、鶏ガラ、人ガラで決まる」という言葉があります。料理人の人間性が味に出るからこそ、ラーメンは楽しい食べ物なんだと。

真介　そこにも通じると思うんですが、マスターはつけ麺をいつも無造作にドカッと盛り付けるんです。僕はあえてそうしているのだと思います。とことん味で勝負するという意味を込めて、見た目で恰好をつけることはしない。

北尾　それにしても、人生を懸けて味を磨き上げてきた達人の腕をもってしても、百点満点のスープはめったに作れないのか。

真介　マスターでさえそうなんだから、凡人の僕はどうなっちゃうんだって話なんですよ。

「邪念を持ってスープを作っちゃいけないよ」

北尾　ふたりで復刻メニューを研究していく中で、印象に残っている言葉はありますか。

真介　たくさんありますよ。なかでも「真介、邪念を持ってスープを作っちゃいけないよ。これで一発当ててベンツ乗ってやろうとかはだめだよ」と言われたことをよく覚えてます。

北尾　やっぱり山岸さんは、真介さんが何を考えているのかお見通しだったんだ。

真介　戒めの言葉でもあったんでしょうね。あとは、「スープでも製麺でも精神的に落ち着いた状態でやりなさい」とも言われました。そのときは意味がわからなかったんですけど、最近やっと理解できるようになってきました。

北尾　下心はスープに出ますか。

真介　間違いなく出ます。味が薄いと感じたとき、手っ取り早く取り繕うために鶏ガラをぶち込んだりすれば濃くはなる。でも、魚介の出汁とのバランスが崩れてしまう。利益率を上げるために素材をケチれば舌の肥えたお客さんに見抜かれて、築き上げてきたものが一瞬にして台無しになってしまう。

北尾　でも、経営が厳しくなると邪念に惑わされるものなんでしょうね。

真介　そうですね。ただ、僕の場合は、マスターとつきあううちに邪念が自然に浄化されていったと思うんです。なんていうのかな、ズルさのない純粋な言葉が心に響くんですよね。いつだったか、マスターが、「本当の悲しみを乗り越えないと本物の味は出てこないんだよ」と言っていたことがありました。僕は亡くなった奥さんを思っての言葉かなと想像したりもしたんですが、そのときは自分のこととしてなかなか捉えられず、「どういうこと?」って疑問符しか浮かばなかったんです。

でも、その後、僕はマスターの死に直面して、より真剣に〝自分がラーメンを作る意味〟を考え始めることになりました。自分が悲しみを経験したことで、マスターの言葉を「そういうことだったのか」と思えるようになったのかな。本物の味を出せている自信はまだないけど……。

真介の話を聞きながら、私は学生時代にある人から言われた言葉を思い出していた。「贅沢には、お金と時間の二種類がある。きみは時間に贅沢して生きていきなさい」というものだ。そのときは聞き流したのに、ことあるごとに蘇り、「悩んだりくよくよするのを恐れるな」という意味ではなかったかと思うようになった。

「本当の悲しみを乗り越えないと本物の味は出てこないんだよ」という山岸の言葉は、

「自分がいなくなったら、答えは自分で見つけていかなくてはならないんだよ」と、真介を諭すためにあえて放った言霊のようなものだったのではないだろうか。

「真介、あとは頼むぞ」

北尾　真介さんにとってつらい話になりますが、マスターとの別れについて聞かせてください。

真介　僕が独立して、マスターと復刻メニューの研究をするようになってからしばらくした頃、東池袋で修業して独立した弟子たちで作っていた「のれん会」のなかで、会の方向性について意見が分かれるようになっていたんです。僕も加盟していましたが、会を創設した根本の理念のようなところでの考え方に違和感を強く感じるようになっていました。それぞれの考え方は尊重すべきものですが、それでも僕の中ではどうしてもマスターがそれまで築いてきた味や心を守る、ということこそが最優先すべきことだと思えたんです。

どうもそれとは違う方向に動きつつあった。

マスターは「みんな仲良くやってくれ」と願っていたはずですが、なかなかそうもいきませんでした。僕との距離が近いと思われることで、マスターに迷惑をかけたくなかったので、あえて少し距離を置いた時期がありました。

北尾　山岸さんは寂しがったでしょう。

真介　電話がかかってきて「どうして真介は最近来ないんだ」と言われましたが、マスターが内輪もめする僕たち弟子を一喝して心を一つにしてくれればいいのに、と思ったりもしていました。

北尾　じゃあ、その間は復刻メニュー計画は中断したんですね。

真介　はい。もっと急いでやっておけばよかった。

北尾　研究を再開しないうちに、山岸さんが病に伏してしまった。

真介　そうなんです。亡くなる半年ほど前に、マスターが好きだったキャピトル東急の中国料理店「星ヶ岡」で久しぶりに一緒に食事したとき、痩せたなぁと思いました。

北尾　恩師が弱っていくのを実感したときの心境は？

真介　マスターにもしものことがあれば、それまで築いてきたものを存続させていくために、たとえひとりになろうともなんとかしていかなければならないと強く思いました。「大勝軒」をここまでビッグネームにしたマスターがいなくなったら没落しかねない。だから、危機に耐え抜くだけの力をつけなければいけない。漠然とそんなことを考えていました。

北尾　最後に会ったのはいつだったんですか。

真介　亡くなる二日前です。そのときに、「真介、あとは頼むぞ」と言われました。

北尾　命日は二〇一五年四月一日、享年八十歳でした。

真介　もう長くないとわかっていたけど、たまらなく寂しかった。だって、僕を見守り、成長させてくれた神様にもう会えないんですよ。

北尾　「真介、こうすればおいしくなるよ」と言ってくれる人がいなくなってしまった。

真介　だからこそ、「あとは頼むぞ」という言葉は重く響きましたね。マスターとのお別れが、本当の意味での「のれん分け」なんだと思ったりもしました。マスターから継いできたものを、これからどうやってかたちにして伝えていけるのか、いまこそ自分が問われているんだ、と言い聞かせていました。

北尾　ショックで落ち込むようなことはなかったんですか。

真介　そうなってもおかしくないんですけど、それどころじゃなくなっちゃって。マスターが危惧していた、のれん会の分裂騒動がさっそく起きてしまった。

山岸の死後、東池袋「大勝軒」グループは、従来の「のれん会」と、そこを脱退した三十数店舗が自主独立と相互扶助の精神を旗印として立ち上げた「味と心を守る会」に分かれ、別々の道を歩むことになった。真介は「味と心を守る会」の共同代表となり、業者とのクリーンなつきあいと、共同仕入れによって原価率を下げ、そのメリットを客に還元することを目的とする、新たな活動の中心メンバーに。また、「味と心を守る会」は、かつて山岸が加盟し、考え方も近い「丸長のれん会」に入った。結果的に、それは山岸のルーツにまた一歩近づく行動になっていく。

北尾　弟子によってさまざまな考えがあったとはいえ、分裂以後、東池袋系の「大勝軒」を名乗る二つのグループができて、事情を知らないファンは混乱したでしょうね。

真介　これまで応援してくださったお客さんを不安な気持ちにさせてしまい、本当に申し訳なかったと思っています。

「相談力」こそが成功の秘訣

北尾　師匠である山岸さんが亡くなったことで、もう直接指導してもらうことができなくなったわけですが、スープや製麺技術はしっかり習得できていたのか、道半ばだった復刻メニューはどうなってしまったのか、といったあたりが気になります

真介　その時点ですでに十年近くやっていましたから、スープと麺は基本となるマスターの味を受け継げるレベルになっていたと思っています。

北尾　自信ができていた？

真介　いえ、顔には出しませんでしたが、不安だらけでした。自分で仕込んだスープなら「今日はなんか違うな」と感じたときに、原因が分析できるんです。でも、複数の店をやっているとスタッフが仕込んだスープを確認することも増えます。そこで求められるのは、瞬時に的確な判断を下して、具体的な指示をすることなんですが、これがまだ僕には難しかった。

北尾　そんなときはどうするんですか。

真介　僕は、心の中のマスターに相談しますね。マスターならどうしますか、僕の判断でいいですか。そんなことをいつもやっています。

北尾　自問自答しているのですか。

真介　そういうことなんだろうけど、マスターを呼び出して脳内会話をするというほうが近い。もちろん、マスター以外の人にも相談はしますよ。味のことだけではなく、経営的な判断に迷ったときには信頼できる先輩によく相談しますね。

北尾　その話をしたかったんです。私には、〝相談力〟こそ真介さんの成功の秘訣の一つだと思えてなりません。何か問題が起きたら、躊躇することなく第三者に意見を求めて、耳を傾けるじゃないですか。

真介　そんなに相談してますか？　ただ、自分の心の中でだいたいは決まっていても、それでいいのか一度立ち止まって確認することはよくあります。

北尾　相談には確認の意味があるんですね。

真介　でも、なによりも自分が納得するためです。九十九％自分ではこれでいいと思っていても、そこに一％の余地がまだ残るのなら、迷わず誰かの意見を参考にしたい。

北尾　私は人に相談してうまくいったためしがないので、自分と真介さんはどこが違うんだろうと思いながら聞いていました。真介さんが事前にほぼ答えを出して、それでいいかどうかの確認をしようとするのに対して、私は考えがまとまらないうちに相談する。相談のポイントが絞られていないから、相手も「いったいどうしたいわけ？」となって、満足な答えが得られなかったんだと思いました。

真介　ただ、事案によって相談の意味合いは変わってきますよね。たとえば、復刻メニューで「カレー中華」をメニュー化したいとスタッフに相談したときは、「ただでさえ忙しくてお客さんが行列しているのに、仕込みに手間をとられて大変なことになる」って全員に反対されました。僕はその反応を見て、逆にこれはイケると思ったんです。みんなが

「それいいね」と賛成したら、それは誰でもが考えつく凡庸なアイデアだということでもあるので逆に警戒する必要がある。僕は「カレー中華」は絶対にお客さんに受け入れてもらえるだけの完成度があると感じていたので、スタッフが「手間」がかかるからという理由で反対するなら、恐れずひるまずやろうと決断しました。だって、おいしいものをお客さんに食べてもらうことこそが、僕たちの仕事じゃないですか。

北尾　それが、後に神田カレーグランプリにも結び付いていったんだ。

真介　相談って自信がないときにしがちじゃないですか。トップが迷えば部下も迷う。だから、僕はなるたけ年長者や少し距離のある人に意見を求めることが多いです。

北尾　私にまで相談を持ち掛けますよね。

真介　トロさんは僕の活動を外の視点から見てくれているから、違う角度から見たときに、僕の考えはどうなのかを知りたくて。人生の大先輩ですから、豊富な経験のなかから思いもよらぬ解決策を導き出してくれるんじゃないかと。

北尾　相談前に心の中で九十九%は決めていたとして、もし反対意見が出たらどうするんですか。

真介　納得できたら考えを変えます。

北尾　そこは柔軟なんだ。

真介　九十九％に至るまでには、さんざん考え抜いているわけじゃないですか。それでもまだ一％の迷いがあるということは、確信が持てていない証拠です。そこで、信頼する相談相手が自分の見逃していた穴に気づいてくれたのなら、僕は喜んで九十九％を捨てます。自信過剰になって大やけどをしたくない。

真介が私に相談の電話をかけてくるパターンは、トラブルへの対応策を決めかねているときと、メディア関連の問い合わせ。特徴は、「自分はこうだと思うが、それについてどう思うか」である。本人が言うように九十九％まで考えた具体的なものなので、相談された側も答えやすい。

おそらく多くの信頼できる相談相手がいて、迷うたびに相手を選んで連絡しているに違いない。そんな真介のことを、私は秘かに〝相談王〟と名づけている。

「味」と「心」を守り抜く

北尾　山岸さんが亡くなったあと、復刻メニューはどうなっていったんですか。

真介　マスターの生前にレシピはだいたいできていたので、手ほどきを受けたものから順にメニュー化していきました。焼きそば、炒飯、冷やし中華などですね。

北尾　冷やし中華は昔のものとは思えない完成度ですね。あと、驚いたのが炒飯。いかにも昭和風のワイルドな味だった。

真介　でも、作ったことも食べたこともないメニューがまだまだ残っていて、マスターから宿題を残された気分ですよ。いつかはやらないと、と思いながら日々の仕事に追われてます。

北尾　かなり復刻したから、もういいだろうとはならない？

真介　ならないです。マスターとの約束を果たさないで、「味」と「心」を守ってますなんて言ったら嘘つきになっちゃう。

北尾　それは、使命感でしょうか。

真介　僕がやめたら、その時点でマスターの味が途絶えてしまう。マスターが亡くなって、僕はその「味」と「心」を守り抜くと心に誓ったんです。どんなにたいへんでも、絶対にあきらめないぞ、という気持ちですね。

北尾　商売は繁盛していて、復刻しなくても困る人はいない。ビジネスとしては、やめても間違いではないと思いますが……。

真介　僕を選んでくれたマスターを裏切ったら一生後悔します。時間はかかっても、やれるところまでとことんやり抜くのが僕の役目なんです。

北尾　私たちが最初に出会った二〇一八年の秋は、カレーグランプリで〝「大勝軒」のカレーここにあり〟を示した二年後で、ちょうど真介さんが次の復刻メニューを「味噌ラーメン」にしようと決めた頃でした。

真介　その「味噌ラーメン」を復刻する過程で、マスターのルーツに接近したことが、まさか山ノ内町での出店にまで発展するとは……。

北尾　ここから先は私もリアルな目撃者のひとりです。また次回、その話をじっくり聞かせてください。

第五章

神様の故郷で逆境をチャンスに変える

二〇一八年十二月、味噌ラーメンを復刻するために長野県を訪れた真介に運転手役として同行した私は、その日を境に、山岸の故郷である山ノ内町に引きつけられた真介が、「山ノ内大勝軒」を開業することになるまでの経緯を間近で目撃することになる。

〝ラーメンの神様〟の愛弟子は、なぜ東京から二百キロ以上も離れた師匠の故郷にあえて出店する決断をしたのか。そして、その後に巻き込まれることになる予期せぬトラブルの数々にどう対応し、反撃に打って出たのか。いまだから言える話を聞き出すべく、志賀高原で有名な長野県下高井郡山ノ内町に移住した真介のマンションを訪問した。

すべては町役場から始まった

北尾　とうとう自宅にまで押しかけてしまいました。

真介　今日も長くなりそうなので、時間を気にせず話ができる家がいいと思ったんです。

北尾　ワンルームのコンパクトな住居ですね。

真介　ここを買ったのは、東京と山ノ内町を行ったり来たりする生活になって、毎回旅館に泊まるのがもったいないと思ったからなんですよ。住民票をこっちに移しちゃうくらい滞在時間が長くなると、ちょっと手狭ではありますね。

北尾　いまは山ノ内町をベースにしているんですね。二〇一八年の暮れ、初めての山ノ内町訪問に私が同行したときには、こんなことになる予感はなかったんでしょう。

真介　自分でもびっくりしてますよ。僕は東京の生まれで長野とは縁がありませんし、「お茶の水、大勝軒」は支店も含めて好調で、勝浦を除けば都内で営業していますから、こんな遠くに支店を開くなんて夢にも思いませんでした。でも、志賀の山から湧き出る水がいいんですよね。スープも麺も、ここで作ると最高のものができる。この水を東京の店まで運んでいきたくなりますよ。

北尾　そもそも、二〇一八年に真介さんが山ノ内町を訪問したのは、唐辛子メーカーや味噌屋と打ち合わせをするためでしたよね。もうあのときには、ここが山岸さんの故郷であることは知っていたんですか。

真介　もちろんです。わざわざ山ノ内町の味噌屋に商談に来たのも、レシピを教えてもらったときにマスターに「真介、味噌ラーメンには信州の志賀高原味噌を使わないとだめだよ」と仕入れる店まで指定されていたからです。きっと、マスターが幼い頃に実家で食べていた味噌なんじゃないかな。僕は味噌ラーメンに詳しくなかったので、信州のおいしい店で食べてみたくて、松本在住だったトロさんに尋ねて、その流れで同行してもらうことになったんでしたよね。

北尾　そこに「丸長のれん会」の坂口光男会長も合流しての道中でした。

真介　会長が同行したのは、翌年に開催される「丸長のれん会」の六十周年パーティーを、長野市で営業する二軒の「丸長」に知らせて、この機会に入会してほしいとお願いするためでした。僕は幹事としてパーティーの司会進行をすることになっていたのでご一緒したんです。

北尾　「味と心を守る会」が「丸長のれん会」の一員になって三年ほど。会の若手グループとして定着している感じでした。

真介　坂口会長はマスターがいた中野「大勝軒」のご主人の息子さんで、本店である代々木上原「大勝軒」の経営者でした。僕にしてみれば直系の大先輩ですから、のれん会への加盟にあたっては相談にも乗ってもらいました。

北尾　長野では唐辛子で有名な「八幡屋礒五郎」で商談し、「丸長」二店舗を回り、味噌屋を訪ねればそれでよかったはずなのに、最後になぜか町役場に立ち寄ることになって……。

真介　山ノ内町は坂口家の故郷でもあり、会長が町役場の方に六十周年パーティーへの出席をお願いしに行くというので、軽い気持ちでついて行ったら、いきなり会議室に通されたんですよね。そこに、観光商工課の堀米貴秀係長（当時）が応対に出てきて、なんだか微妙な堅苦しい空気になっちゃった。

北尾　あれは何だったんだろう。

真介　地元と縁のある「丸長」や「大勝軒」の関係者がわざわざ訪ねてくれたのだから、なにか地元の振興につなげられないかと思っていたんでしょうね。

北尾　最初のうちは、なんか居心地が悪かったよね。

真介　ただ、じつは堀米さんはマスターの親戚筋にあたる人で、東池袋へも何度も食べに来てくれていたんですよね。

北尾　それで、「丸長」創業者や山岸さんの出身地でもあるし、ラーメン界にゆかりのある山ノ内町をアピールするために、イベントなどで協力してもらえないだろうかって、町おこしの話まで出てきた。

真介　トロさんはどう思いました？

北尾　積極的だなぁとは思いましたが、半ば社交辞令だろうと聞き流してました。

真介　会長も「それぞれの店の事情もあるから、店を休んで来てくれとは言いにくいなあ」と冷静な対応でしたね。

北尾　ところが、なぜか真介さんは「約束はできないけど前向きに考えたい」って堀米さんに希望を与えてしまった。聞いていて「あちゃー、やっちゃったよ」と笑いそうになりましたよ。

真介　僕も言った後で「何を考えてんだオレは」と自分にダメ出しをしてました。

北尾　あれは、山岸さんに喜んでもらいたいという思いから、つい口をついて出た言葉だったのかな。

真介　もうそれしかないです。役場を出てから、会長と三人で露天風呂に行ったでしょう。

北尾　裸のつきあいとはよく言ったもので、ふたりとの距離がグッと縮まった気がしましたよ。

真介　じつはあのとき僕は、勢いで軽はずみなことを言っちゃったけど、意外に悪い話ではないんじゃないか、もしかしたらマスターへ恩返しする機会を得られるかもしれないと、湯につかりながら悦に入ってたんですよ。

北尾　のぼせる寸前まで露天風呂で嬉しそうに話してましたね。あの頃はまだ真介さんが山岸さんに抱く特別な気持ちを知らなかったので、そうは言っても実現する可能性は低いだろうと高をくくってました。

真介　そんなことはおくびにも出さず、ニコニコしていたんですね。でも、なぜそう思ったんですか。

北尾　経営者としてあり得ないと思ったんです。儲けを度外視してイベントに出店するとしても、数人のスタッフが関わることになれば東京の店に負担がかかってしまう。それに、強行して山ノ内町で「大勝軒」の存在をアピールしても、長野のお客さんが東京まで食べに行くのは難しいじゃないですか。ただでさえ忙しいんだから、スタッフの賛同も得づらいでしょう。

真介　僕の自己満足でしかないと思っていたんだ。

北尾　東京に戻る頃には「やっぱり、やめておこう」って考え直すだろうと。

私がこのとき見逃していたのは、堀米が頭を悩ませていた山ノ内町の飲食店不足と、山岸の地元に貢献したい真介の気持ち、そして両者が持つ武器だった。堀米はイベントを企画するなど、飲食店誘致を行政の側として全面的にサポートができる。一方の真介は山ノ内町とゆかりのある山岸の味を提供できる。

両者が再会するチャンスはすぐに巡ってきた。翌年の三月に「丸長のれん会」六十周年パーティーが開催されたからだ。会場にいた私は、そこで親しげに話し込む堀米と真介を目撃し、何かが始まりそうな予感が強くしていた。そして、どうせならどこまでも見届けてやろうと思ったのだった。

マスターに導かれて山ノ内町へ

真介　パーティーで話をした翌月には、早くも堀米さんから六月に行われるクラフト関係のイベントにテント出店してほしいとオファーが届きました。あまりの勢いに押されて、ラーメンやつけ麺は設備がないとできないけどカツカレーならやれると、つい返答してしまったんです。スタッフは僕を含めて三人。交通費と宿泊費を考えたら商売としては厳しいけど、マスターの故郷でやれるのは僕にとっては光栄なことなので、赤字にならなければ成功だと考えるようにしました。

北尾　私も松本から行きましたが、志賀高原に入るあたりから雨になり、山の中腹にある会場は土砂降り。足元も悪くて、正午を回ったばかりだというのにクラフトの出店者は帰り支度を始めている有様でした。客足も伸びないなか、唯一繁盛していたのが真介さんたちのテントで、みんな表情が明るくて、どうなっているのかと首をかしげましたよ。

真介　まずまず売れて、残ったカレーを持ち帰らなくて済みそうだとホッとしていたのもありましたが、それ以上に僕はとんでもない巡り合わせに興奮してたんです。なんと、そのときのイベント会場はマスターが新婚旅行で奥さんと里帰りしたときに泊まったホテルの跡地だったんです。

北尾　私が会場に着くなり、「信じられないことが起きた」と興奮してましたよね。

真介　だって、そんなことがあり得ます？

北尾　偶然なんだけどなぁ。

真介　マスターの故郷で、マスターが作り上げたカツカレーを地元の人に食べてもらえるだけでもゴキゲンなのに、そこがマスターの思い出の場所だったなんて。マスターは故郷を出てからその一回だけしか山ノ内町に帰らなかったんですよ。もう一度、山ノ内へ行きたいとよく言っていて、僕が連れて行ってあげればよかったけど、それができなかった。で、僕が初めて山ノ内町で商売することになったら、その場所が旧ホテルだった。堀米さんが、あそこはイベントで使えそうだと思わなければ、僕が経営者の意識を捨てて参加しなければ、こうはならない。マスターに導かれて、自分はいまここにいるんだって本気で思いましたよ。

北尾　私は現実的な人間なので、そのときの「マスターに導かれている」発言を聞いて、やり手経営者だと思っていた真介さんの別の一面を見たようでかなり引いてました。

真介　まいったなぁ、僕はそんなにヘンでしたか？

北尾　テンションが高すぎてついていけなかった。でも、目の前であまりにも無邪気に喜びに浸っている姿を見て、その人間臭いところがまた真介さんの魅力でもあるんだろうな、とは感じてました。

真介　ただ、これで終わっていれば、いい思い出で済んだのに、終わるどころか序章にすぎなかったんですよね。

この日は堀米も同じくらいテンションが高かった。イベントの来客もまばらだというのに、頬を紅潮させて異様にはしゃいでいるのだ。その様子を眺めながら、「これは来る」と思った。きっと、堀米は「お茶の水、大勝軒」の誘致に向けても走り出すだろう。そうなったら、真介は「それとこれとは別」と断るだろうか。それとも、「マスターの導きだからやる」と答えるのだろうか。どちらにしてもスリリングな展開になってきた。

北尾　山ノ内町でのイベント出店から二カ月ほどして夏に電話をもらったとき、真介さんの心はすでに決まっていましたよね。

真介　何て言ったんでしたっけ。出店します、だったかな。
北尾　「候補となる空き店舗がいくつかあるので一緒に見てくれませんか。意見を聞きたいんです」って。何が起きようとしているのか知りたいから、二つ返事で行くと答えましたが、そのとき私が思い浮かべていた候補地は、温泉街の一角か湯田中駅の周辺でした。
真介　そうだったんですね。
北尾　まさか、スキー場だなんて思いもしなかった。
真介　志賀高原は一日では滑り切れないほど多くのゲレンデを有するスキー場として全国的に有名なんですけど、飲食店が少なくて、スキーヤーから不評だったそうなんです。食べ歩き、飲み歩きなどのアフタースキーが充実している白馬などの華やかさがない。せっかくインバウンド需要が伸びているのに、このままではジリ貧になってしまう。スキーリゾートとして、核となる飲食店を増やすことが観光商工課の課題だったみたいなんです。
北尾　地元に縁がある「大勝軒」なら誘致する大義も立つし、幸いなことにその味を堀米さんはよく知っていた。
真介　堀米さんが「大勝軒」のファンだったことは大きかったですね。マスターの味を知らない担当者だったら、出店話には発展しなかったはずです。ただ、どんどん話を進める堀米さんのペースに巻き込まれちゃうとヤバいという気持ちもどこかにあって、第三者的な立場のトロさんに立ち会ってほしかったんですよね。

北尾　いい店舗があればすぐにでも交渉して、次のスキーシーズンには開業を目指すというのでそのスピード感にビビりました。だって、それが夏のことだから、つぎの冬っても う四カ月後じゃないですか。飲食業界の常識はわからなかったけど、そんな急なペースで大丈夫なのかと他人事ながら心配になってました。

真介　堀米さんがやる気満々でしたからね。

北尾　たしかに、彼はハンパない熱量でしたね。「大勝軒」の誘致に並々ならぬ思い入れがあったようで、もう仕事の域を超えていた。

真介　国立公園である志賀高原にはさまざまなルールがあって、地権者たちの了承なく勝手に出店することができないんです。だから、行政が間に入って話を進めるほうがスムーズなんですよね。観光商工課が窓口となって、堀米さんが先頭に立って交渉事をこなしてくれたので助かりました。でも、会うたびに、「物件の候補が決まれば、あとは全力でサポートします!」と、ぐいぐい迫ってくるその圧がすごいんです。

北尾　若い頃はスキー選手だったんですよね。〝直滑降の堀米〟と呼びたくなる。役場の担当者と、東京から来る事業者という関係を超えたつきあいですね。

真介　もはや、同志かなぁ。堀米さんは志賀高原の集客力を高めたいし、僕はマスターが果たせなかった故郷への凱旋をさせてあげたい。店が成功すればどちらも叶う。それで僕は、やるしかないと思っちゃったんですよ。

スキー場に出店するデメリット

北尾　一緒に下見に行ってから一カ月もしないうちに、一の瀬ファミリースキー場のバス停からすぐ近くのホテルの一階に出店場所を決めたと連絡をもらいましたね。そこは、以前もラーメン屋が入っていた物件でした。

真介　厨房が動きやすく、カウンターもそのまま使える利点がありました。大家さんも良い方で家賃も都内と比べたら破格の安さだったんです。

北尾　ただ、いくら町が飲食店の誘致に力を入れているからといって、経営者の目線で、スキー場であることのデメリットは考えなかったんですか。

真介　もちろん、いくつも想定しましたよ。なによりも志賀高原には食事付きの宿泊プランで来る人が多いので、夜は表に出る人が少ない。店に来てくれたとしても、飲み屋代わりの利用で客の回転率が悪くなる可能性がある。あと、満席で二十名ほどしか入れない店だったので、寒い中を表で待ってくれるかどうか。シーズン営業で降雪量に左右されるので、最長でも年間五カ月程度しか営業できない、などもう考え始めたらきりがない。

北尾　片手では足りないくらいですね。逆にメリットはどんなところだったんですか。

真介　長野県で初の「大勝軒」なので話題性はあるし、一度、味を認めてもらえれば、ライバル店が少ないので、リピートしてもらいやすいとまず考えました。山ノ内町が町おこしの一環として全面的にバックアップしてくれそうだったので、地元のお客さんもある程度は来てくれそうだという目論見もありました。あと、家賃が東京とは比べ物にならないほど安かった。

北尾　どうなんだろう、不確定な要素が多すぎて、素人目にはデメリットのほうが優勢に感じてしまう。

真介　正直に言えば、最初は僕もそう思っていました。いちばんの問題はどうやってスタッフを確保するかでした。東京から回すほどの余力はありませんでしたから。

北尾　それでも断ろうとは思わなかったんですね。

真介　不安だらけでしたが、僕のなかではいまこそ「大勝軒」のブランド力が試されるときだと逆に気合いが入ってしまった。二泊三日でやってきて初日に食べてくれたスキーヤーを、帰るまでにまた来させるくらいの自信はありました。馴染みのある関東圏の人は「こんなところに『大勝軒』がある。入ってみよう」と思ってくれるでしょうし、他地域の人も店名くらいは知ってくれているとしたら、選択肢が少ないですから必ず食べに来てくれるだろうって、なるたけ楽観的に考えるようにしてました。

北尾　これまでの重要な局面ではいつもそうでしたが、ここでも師匠にホメられたい、そんな思いに背中を押されての決断だったんですか。

真介　そうですね。そもそもマスターに導かれて山ノ内にたどり着いたんですから、それは「真介、やってみなさい」と言われたようなものでしょう。僕はただレールの上を走ればいい。

北尾　信じることの強みは、迷いのないことですね。真介さんが編み出した、自分にとってラクな決断の方法とも言える。

真介　いちばんの相談相手はいまだにマスターですからね。

フランチャイズ方式での大失敗

すごいスピード感で出店にまでこぎつけた「山ノ内大勝軒」だったが、これまでと違うのは、東京から遠いことだ。距離にして二百五十キロほどはあり、クルマでも四時間はかかる。寒いスキー場で働くのを望むスタッフがいるかどうかもわからない。そこで真介はいろいろな可能性を考え抜いた末に、直営ではなくフランチャイズ形式で出店することにした。

その手があったか、とは思う。東京をベースにあくまでも軸足は変えず、山ノ内町にも貢献できるとしたら、この方法しかなかったのかもしれない。

しかし、私はどこか物足りなさを感じていた。いくら想定外の短期間での出店だったとはいえ、経営を第三者に委ねることに、真介は満足できていたのだろうか。私は「マスターに導かれた」と信じる真介の、決して他人任せにすることのない無謀な冒険にとことんつきあいたかったのだ。

北尾　どうして、屋号や経営ノウハウの使用権を渡してロイヤリティを支払ってもらうフランチャイズ形式にしたのでしょうか。私はここぞというときに、愛弟子・真介ではなく経営者・真介の意見が勝ってしまったようにも思えました。

真介　出店の話が出たときから、東京と山ノ内町の距離がネックになることは予想できていました。正直に言えば、そこで僕は自分が山ノ内町でラーメンを作っている姿をイメージできなかったんですよね。「東京にいくつも店舗があるのに無理だよ」と、はなから自分でやるという選択肢を消していた。

北尾　それでも、出店の話を反故にしようとは思わなかったんですね。

真介　マスターの故郷で出店できるのは光栄なことでしたから、その機会を手放したくはなかった。そこで、フランチャイズという発想が出てきたわけです。じつは以前に上野店で試したことがあったんですよ。一時はフランチャイズで店舗を拡大することも考えていたので。

北尾　そんな時期があったんですか。

真介　その当時、テレビでフランチャイズ展開する飲食店がたびたび紹介されていて、ラーメン屋もよく出ていたんです。多店舗経営は儲かるしカッコイイみたいな風潮があって、僕もその気になりかけていました。マスターと密に過ごした日々がなかったら、そっちに突っ走っていたかもしれない。

北尾　真介さんにも、儲けに惑わされた時期があったんですね。

真介　だけど、山ノ内町でフランチャイズを考えたのは、儲けのためではなく、出店を実現するための現実的な手段としてでした。それと、ちょうどその頃に店を任せるのに適任だと思える人材がいたという事情もありました。「将来、ラーメン店をやりたいので基礎から修業させてほしい」という女性を、約半年前から受け入れていたんです。彼女に「信州のスキー場だけどやってみますか」と声をかけたら、「やりたい」と前向きな返事だったんです。店では真面目に働いてくれていましたし、食材の卸し問屋をしている彼女の夫も協力してくれるということで、経営の知識もありそうだとそのときは思っていたんですよね。それで、冬季のスキー場が営業している期間限定になるのも伝えたうえで、話がまとまったんです。

北尾　コンビニなどではフランチャイズの条件が経営側にとって厳しいとよく耳にしますが、どんな条件を提示したんですか。

真介　看板の制作と内装費用はあちら持ちで、屋号の使用料と食材をうちから買ってもらうこと、あとは売り上げの二%を支払ってもらう条件でした。他のフランチャイズの店と比べてもかなりいい条件だと思います。

北尾　本来なら自分でやるべきだった店舗を代行してもらうという後ろめたさのような意識も、心のどこかにはあったのかな？

真介　あったと思いますね。なにしろ、「山ノ内大勝軒」をマスターの故郷に誕生させること自体を最優先に考えていましたから。

北尾　ただ、出店を優先するばかりに、真介さんはもっとも肝心なところに目をつぶることになりましたね。フランチャイズ・オーナーになったその女性は、職人として未熟でした。オープンの直前になっても味が定まらずに四苦八苦しているのを目にした私が、真介さんに「大丈夫なの」と尋ねたら、「大丈夫じゃないです！」と苦虫を噛みつぶしたような顔で即答でしたよね。

真介　正直、かなりヤバいと思ってました。

北尾　本人が望んだこととはいえ、見習い期間半年で、職人と経営者を兼任させるなんて、これはとんでもない見切り発車になってしまうと心配してました。

真介　僕もそう思ったので、経験不足を補うのとオペレーションの訓練のために、急遽、応援スタッフを送り込んでサポートすることにしました。僕もできるだけ山ノ内町に行って直接指導して、まずは損得の計算はせず、味のレベルを安定させることに集中してもらうつもりだったんですが……。

北尾　私は二〇一九年十二月二十日のオープン初日に食べに行きましたが、真介さんの指導の甲斐もあったのか、お客さんもかなり入っていて、いい感じでスタートを切ったと安心してました。ところが、半月も経たないうちに真介さんから連絡が入った。

真介　よかったのは最初の数日だけで、あとはトラブルの連続でまともな営業ができなくなってしまったんです。店を開けたり閉めたり不安定な状態が続いて、年明けには休業状態。そのうえ、家賃やロイヤリティさえも支払ってくれない。

北尾　後にも先にも、あれほど怒った真介さんを見たことはありません。相手を信用していただけに、裏切られた気持ちになってしまったんでしょうね。

真介　あー、本当に人を見る目がなかった。自分を恨むしかない。

北尾　当然、その経営者とは揉めて、裁判沙汰になりましたね。真介さん側に非のない結果になったとはいえ、手痛い失敗でした。

真介　もう大失敗ですよ。にっちもさっちもいかなくなって、スキーシーズンの途中で看板を下げちゃいましたもん。お金の損失は取り戻すことができても、町に迷惑をかけてしまったのが情けなかった。いまだからこそ笑って話せますけど、あのときはショックで寝込みそうだったんですよ。同じように落ち込んでいる堀米さんとふたりで「なんとか立て直せないか」と話し合いをするんだけど、愚痴を言い合って傷をなめ合うばかりで……。毎回ヤケ酒になってましたね。

北尾　失敗の要因は何だったと思いますか。

真介　僕の取り組み方が中途半端だったことに尽きます。

北尾　それは具体的にはどういうことですか。

真介　名案だと思ってフランチャイズに飛びついたわけですけど、しょせんは逃げだったんです。本気で山ノ内町に出店したかったのなら、東京エリアの店を減らすなどの解決策を模索するべきでした。いまならわかります。あのとき、僕は真っ向勝負を避けたから失敗したんです。二度とあんな経験はしたくない……。なんだか反省会になっちゃったなぁ。

「このままでは終われない！」

北尾　その後、冴えない表情でふさぎ込む日が続いていた真介さんから、二〇二〇年の初夏に電話があって、開口一番「トロさん、僕はこのままじゃ終われないです！」と強い口調で言われました。「山ノ内大勝軒」のことだとピンときたので「リベンジするの？」と尋ねたら、「来シーズン、山ノ内町に直営店を出します」と畳みかけてくる。そのときは相談ではなく宣言でしたね。

真介　何度も山ノ内に足を運んでもらっていたトロさんには一刻も早く報告しておきたかったんです。

直営店の場所は同じく一の瀬ファミリースキー場。ゲレンデ内の、スキーヤーが荷物を置いたり着替えをしたりするスペースを「店舗にできるのでは」と堀米が提案してきたのだ。物件を見た真介はゆったりした空間を気に入り、ここならゲレンデにいるスキーヤーをそのまま呼び込めると考えて即決したという。

新たに厨房を作るとなれば初期投資額は一千万円を超えてしまうが、リスクを取ってでもいい店にしてリベンジを果たしたい。それは、山岸の弟子としての意地でもあった。

北尾　それにしても、世間はコロナ禍の真っただ中。自粛ムードが蔓延していて、冬のスキー場がどうなるか見通しが立たない時期だったにもかかわらず、再挑戦の決断は早かったですね。

真介　コロナ禍の収束を待っていたら、いつになるかわかりません。リベンジするなら『山ノ内大勝軒』が場所を変えて再オープンしたと思う人もいるうちだと考えたんですよ。

北尾　関係者以外には、開業したかと思ったら、あっという間に休業になってしまっただけで、悪い印象を与える暇もなかったですからね。

真介　一刻も早く復活させて「これが『大勝軒』の味か、旨いね！」とお客さんに喜んでもらいたいじゃないですか。じつはちょうどこの頃、借りていたビルの取り壊しで本店である神保町の『お茶の水、大勝軒』を一時閉めざるを得ないという事情もあって、僕が山ノ内店で陣頭指揮を執る時間の余裕ができたんです。

北尾　山岸さんからの、「真介、あきらめちゃだめだ」のサインですね。

真介　僕はそういうことを偶然ではないと解釈するんです。また失敗したらシャレになららないけど、闘う環境さえ整えば今度はうまくやれそうな予感がしていました。

北尾　その自信の根拠とは？

真介　直営店なら僕が店にいられますからね。旧東池袋『大勝軒』やマスターのことをよく知っていて、すべての責任を負うことのできる人間が現場にいると、場の空気が締まります。マスターに導かれたのは僕なのだから、最初から人任せにしてはいけなかったんです。

北尾　真介さんが現場にいると、具体的にどこが違ってきますか。

真介　僕が厨房に立つことができれば、味はもちろん、接客やお客さんの反応まですべての動きを自分で見て判断できるので、改善や修正を素早くできます。うまく回っているときは誰がやっても大丈夫なんですが、何か問題が生じたときにどう対応できるかこそが勝負なんです。

前にも話しましたが、朝作ったスープは酸化するので修正しないと午後には味が落ちてしまう。さらに、気候によって売れるメニューも違ってきます。平日と週末で客層だって変わってくるし、地元の顔なじみとの世間話も大切な仕事のうちです。今週末は混みそうだとわかれば、東京から助っ人に来てもらう手配もできる。とくに店が軌道に乗るまでは、僕がいることで応用力が格段にアップする。

北尾　見るべきところがたくさんありますね。

真介　マニュアルなんかではカバーできないことが多いんです。たとえば、標高の高い志賀高原では、水の沸点が九十七〜九十八℃と低くなるため麺に火が通りにくい。すると、どうなりますか？

北尾　茹でる時間が長くなる、ですか。

真介　正解です。通常より余計に一分間かかるとしたら、どうなります？

北尾　待ち時間が長くなりますね。

真介　お客さんは待たされ、店としても回転率が悪くなってしまう。そこで何をするかというと、山ノ内店用に麺を調整するんです。太くてもちもちした「大勝軒」らしさを保ちながら、わずかに細い麺にするべく研究しました。フランチャイズでは、そこまでこだわることができません。

〈つけ麺の聖地、山ノ内町〉

北尾　コロナ禍で人が来なかったら、という心配はなかったんですか。

真介　インバウンドのお客さんは減るだろうけど、国内に関してはややダウンする程度で済むと思っていました。広大なアウトドア空間で遊ぶスキー場はキャンプ場並みに安全性が高いじゃないですか。

北尾　少々減るのは仕方がないと。

真介　直営店を出すということは、この先何年も同じ場所で商売することを意味します。初年度は欲張らず、続けていけるだけの売り上げがあればいい。大げさに聞こえるかもしれませんが、山ノ内に骨を埋めるくらいの覚悟で出店しなくてはならないと考えていました。山ノ内町には前年の失敗でさんざん迷惑をかけたのに、態度を変えるどころか、直営店を出すことを大歓迎してくれていましたからね。僕が本気になったことで、町もさらに手厚くサポートをしてくれるようになった。これはほんとうにありがたかったですし、何よりの励みになりました。

あるとき、堀米から「山ノ内大勝軒」の情報を掲載した町の広報パンフレットを見せられた私は度肝を抜かれた。そこにはメインコピーとして大きくこう書かれていたのだ。

〈つけ麺の聖地、山ノ内町〉

とうとう「聖地」とまで言い出した……。たった一軒のラーメン屋を、町おこしの起爆剤にしようとする熱意。私にはそのコピーが、「我が町は田内川君を離さないぞ」というプロポーズに思えてならなかった。さらに、町は真介を、〃志賀高原・湯田中温泉郷・北志賀エリアを結びつける役割を担う人〟として制定した「つなぎ人」にも任命。「このプロジェクト、成功させてみせる」という町の意気込みが痛いほど伝わってくるのである。

真介　ここまで町にサポートしてもらったら、僕としては四の五の言わずにがんばるしかない。

北尾　二〇年は雪の降り始めが遅く、「山ノ内大勝軒」の開店は十二月一日となりました。前日のレセプションには町長まで来たとか。

真介　期待してくださるのはありがたいことですよね。そこでの挨拶では、しどろもどろになりながらマスターの話をしました。そうしたら、なんと来賓にマスターの親戚の方がいらして、「おいしかったよ」とホメてもらえたのがうれしかったなあ。

北尾　「山ノ内大勝軒」の他店にない特徴は、東池袋時代の店の様子がビデオで流されるなど、山岸さんを前面にプッシュしていることですね。山岸さんがいたからこの店があるというメッセージが明確に打ち出されている。

真介　店の主役は山岸一雄にしたかったんです。マスターが作り上げた最高の味を提供する店ですから、それがもっとも筋が通る。

北尾　この店を始めてから、山岸さんの話題を外に向けて積極的に口にするようになったと感じました。そして、そのスタイルは功を奏します。

真介　地元のメディアが関心を寄せてくれたので、スタートダッシュできる見込みはありましたが、それ以上のお客さんが来てくれました。地元の方がわざわざ雪だらけの山の上まで食べに来てくれるなんて、いい意味で計算が狂いました。

北尾　スキーのついでではなく、食べるためだけにですか。

真介　はい。地元の応援があったのだと思います。一年前のヤケ酒が嘘みたいに、堀米さんと祝杯を重ねちゃいました。

北尾　どっちにしても飲むんだ。

歩くことで脳内をリセット

真介　一度は失敗したけど、あきらめないでほんとうに良かった。直営店にしても、「どこかに落とし穴があるのでは」なんて、強気を装いつつ悩んだり迷ったりしていましたから。生臭い経営のこととなると、なかなか相談相手がいません。

北尾　経営者の孤独ですね。そんなとき、真介さんはどうするんですか。

真介　店や家だとひとりになれないから、歩くことで頭を冷やします。東京にいるときは、店から自宅まで四十分くらいかけて歩いて帰ることが多いです。慌ただしくしていると流されがちになるから、歩くことでリズムを切り替えて、問題点を整理したり、あれこれシミュレーションをする。

山ノ内町でも歩いていましたよ。決断しなければならないことも多くて凍えそうになりましたが、アイデアがひらめくのは、だいたい歩いているときだからやめられない。

北尾　居酒屋ではなく、歩くことで脳内をリセットするんですね。

真介　いまだから言えることですが、コロナ禍の影響で飲食店はどこも大変だったでしょう。うちも例外ではありませんでした。各店舗で売り上げが激減し、二〇年度はかなり苦しかったんです。おまけに稼ぎ頭の本店の休業が決まり、もうお手上げ状態でした。かといって、スタッフの減給やリストラはしないという方針は変えたくない。なにがなんでも払うものは払う。あの年だけで会社の金庫は空になり、さらに二千万円借金しました。

北尾　独立後、最大の危機だったんですね。散歩の歩数が増えそうだ。

真介　いつ会社がつぶれてもおかしくなかったですし、あのままならそうなっていたでしょうね。

北尾　そこで救世主となったのが山ノ内店だったんですね。

真介　最初の月の売り上げが四百万円を超えて、さらに増えそうな見通しでした。「これで給料の遅配をせずに済んだ」と気がラクになりましたよね。

北尾　真介さんのことだから、またマスターが助けてくれたと思ったんでしょう。

真介　僕が破綻したら復刻メニューが止まっちゃうから救ってくれたのかもしれないですね。本店がなくなったダメージを山ノ内店でカバーできるようになり、二一年に入ると徐々にお客さんが戻ってきて経営を立て直すことができました。

北尾　山ノ内店の繁盛は町にとってもいいニュースですよね。それで、今度は通年営業を検討してほしいという話が来て、標高の低い中腹にあるバスターミナル内で二一年の初夏から秋にかけて試験営業。好結果を得られたことで通年営業が実行に移され、十二月からGWまでがスキー場、六月から十月までがバスターミナルという、変則的な通年営業の形ができあがっていきました。

真介　年間十カ月の営業でも、通年となると定着感が出てきて、リピーターや地元に常連さんができてくる。常駐スタッフは「東京より山ノ内がいい」と言い始めるようになりました。知り合いも増えて居心地がいいものだから、僕も山ノ内町にいる時間が多くなり、外せない用事があるときにだけ何日か東京に帰るという生活パターンが定着しました。

「山ノ内大勝軒」がなかったら倒産の危機だったという話を聞いて、「信じる者は救われ

る」という言葉を思い出す人もいるかもしれない。では、「マスターに導かれている」と信じて疑わない真介は何を信じないのか、そんなことをふと考えてみる。私は、意外にも自分自身なのではないかと思う。自分を信じ切れないからこそ、答えを出す前に誰かに相談し、散歩をしながら山岸に話しかけ、慎重に気持ちを固める。

ラーメン職人として学んできたあらゆる局面での修正力がそうさせるのだろうか。レシピ通りに作っても完ぺきなスープは生まれない。山岸でさえそうだった。真介のスープは、山岸が追加するネギ一本で劇的に味が変わった。

正解がすぐにわかる人生なんてつまらないよな……。真介といると、ついそんなことを考えてしまう。

伝説の製麺機がやってきた

北尾　山ノ内での変則的な通年営業が始まった頃に、しばらく休んでいた復刻メニューの開発を再開しましたよね。ついに、懸案だったカツ丼に手をつけることになります。町中華の人気メニューなのにそれまで手をつけなかったのには理由があったんですか。

真介　カツ丼好きなトロさんから「早く復刻しましょう」と急かされて気になってはいましたが、僕は実際にマスターのかつ丼を食べたことがなかったんです。

北尾　カツ丼はいつかやらなければならない大きな宿題だって、よく口にしていましたよね。

真介　レシピがあって直接指導を受けたメニューの復刻はあらかた終わり、残ったなかで気になって仕方がなかったのがカツ丼でした。カツカレーを復刻したのでカツの揚げ方には自信がありましたが、タレの調合がわからなくて躊躇してたんです。

北尾　おいしいカツ丼なら合格なのではなく、マスターの味に仕上げるのが復刻版ですからね。

真介　レシピではだいたいの線までは持っていけるんですけど、どうしても完成度に疑問が残っちゃうんですよね。「これでいいのか」の答えがない。マスターの弟子も、カツ丼を教わる前にマスターが独立したので教わってないんです。でも、ここでまた信じられないことが立て続けに起きました。発端は、「丸長のれん会」の坂口会長が経営する代々木上原の「大勝軒」が、店を閉めたことです。

北尾　私も何度か食べに行ったことがあったので、閉店は残念でした。

真介　閉店後、しばらくして、会長のところへ挨拶に行ったら、「田内川、うちの店にあった製麺機、山ノ内で使わないか」といきなり言われたんです。会長のお兄さんが「山ノ内の人のために使ってくれたらいいんだが」と言ってくれたらしいんですね。ちょうど一カ月ほど前から、山ノ内店で使う製麺機を探していたので絶妙のタイミングでした。性能面では最新機種が優れていますが、僕のように昔の味にこだわる職人にとってそれがベストとは言えません。

北尾　理想は山岸さんが使っていた製麺機ですからね。

真介　でも、そんな旧式の製麺機が残っているはずもなく半ばあきらめかけていたんです。ところが、思いもよらぬところからそれが出てきた。代々木上原の製麺機は、かつてはマスターも使っていたものだったんですよ。

北尾　状態もまだ使用できるくらいによかったんですね。

真介　はい。その製麺機があれば、よりオリジナルに近い四十年前の「大勝軒」の麺が打てます。「お茶の水、大勝軒」のものよりグレードも高く、使い勝手もすごくいい。そして、初代の創業者が使い、マスターも使った縁起のいい機械でもあります。

北尾　真介さんが電話してきて、「歴史的事件です、奇跡です」と連発するので、よくわからないまま私もクルマを飛ばして見に行きました。

真介　マスターが使った製麺機が、七十年の時を経て山ノ内町に来たんですよ。誰も僕の興奮を止められません。

北尾　またしても〝お宝〟が手に入った。

真介　「これが使いこなせたら、麺に関しての悩みが消えるよ」とマスターから言われたようなものですよ。しかも、幸運はまだありました。頼れるスタッフが不足していた僕の店に、代々木上原の総料理長・古谷隆法さんが来てくれることになったんです。キャリアも実績も格上の方なので料理のレベルが確実に上がります。さらに素晴らしいのは、総料理長が代々木上原一筋でやってきた人だったこと。代々木上原は中野のつぎにできた「大勝軒」で、レシピの多くを引き継いでいます。なんと、そのなかにカツ丼もあったんですよ。

北尾　話がつながった！

真介　時代の変化で変わった部分はあるとしても、古谷さんはマスターの味に近いカツ丼を提供し続けてきた。タレのチェックをお願いできる人がやっと見つかったんです。

「かつ丼」復刻に成功

北尾　真介さんはすぐに復刻版かつ丼の試作に入りましたもんね。そして、私はまた山ノ内町に試食しに行くことになりました。いったい自分は何をしているのかと思わないでもないですが、山岸式カツ丼の誘惑には勝てません。

真介　ほぼ、マスターの作るカツ丼になったはずです。ポイントの一つはザラメ砂糖を使うこと。カラメルが添加されているので独特のコクや風味が生まれます。

北尾　感想を訊かれて「懐かしい味がする」と芸のない答えをしましたが、あとから「懐かしいけど懐かしくない味」と訂正したくなりました。

昭和三十三年生まれの私にとってどまんなかの味であるとともに、いま初めて食べる世代の人にとっては新鮮な味に感じられるだろうと思ったんです。若い人なら見た目も含めて「このカツ丼はかわいい」と表現するかもしれない。

真介　さっそく一部の店舗でメニューに取り入れる自信作になりました。

北尾　難関だったカツ丼をクリアした真介さんは、その後しばらく店に注力することになりましたよね。長らく提出できなかった宿題を終えて、ホッと一息ついているのかなと想像していました。

真介　復刻メニューは、試行錯誤しているときは苦しいけど楽しくて、完成したらもう〝商品〟になっちゃいます。

北尾　その「苦しいけど楽しい」っていいですね。苦しいばかりでは嫌になり、楽しいだけではそのうちに物足りなくなって飽きてしまう。楽しいことをさらに突き詰めていくことで、その途中でさらに乗り越えるべき壁が現れて、苦しさも同時進行するんでしょうね。

真介　そうですね。僕は商売でも、マスターの味を守ることでも、壁を「ヨイショ」と乗り越えていくことが、より大きな充実感につながっていくように思います。

まだまだ「味を守ることを楽しむ」境地には達しませんけど、いつかそうなれたらいいな。

北尾　カツ丼を復刻させた時点で、真介さんのなかでの「味を守る」ゲームはどのあたりまで到達したんだろう。

真介　「味を守る」のは終わりがないのを覚悟でやるゲームだからなあ。

北尾　でも、復刻メニューは決めたものをやれば終了できる。カツ丼がゴールでも良かったんじゃない？

真介　トロさんも、ここまでやったら十分でしょうと言ってくれましたよね。

北尾　あの味なら山岸さんも満足するだろうと思いました。

真介　でも、これがまた始まってしまうんですよ。

北尾　復刻物語はまだ終わらないんだ。

真介　そうですね。たぶん僕は、ゴールにふさわしい何かを探していたんじゃないかな。

それ以外のことも降りかかってきましたしね。

北尾　苦しいけど楽しい、になりますか。

真介　うーん、どうだろう。今日はここまでにして、温泉にでも入りませんか。

北尾　そうしましょう。続きはまた東京で。

第六章

ラーメン屋にゴールなんていらない

カツ丼の完成で復刻メニューに一区切りつけた真介は、ひょんなことから山岸が確立した「大勝軒」の味の源流を独自にたどり始めることになる。しかし、そのとき真介の身には思いもよらぬ裁判沙汰が降りかかっていた。

トラブルは収束するのか、食べたことのないマスターのルーツへはたどり着けるのか、懸案だった休業中の「お茶の水、大勝軒」本店は再開できるのか……。東京と山ノ内町との二拠点生活を続けるなか、四十代後半に差しかかった真介が、シンプルに生きるために心に決めたこととは何だったのか——。

正解がないことを追求する楽しみ

真介　「山ノ内大勝軒」はコロナ禍のさなかでのオープンになったので、その影響をトロさんにも心配していただきましたが、おかげさまでオープン以来ずっと右肩上がり。インバウンドのお客さんも戻ってきてくれたので、想像以上の好調を維持しています。

北尾　山岸さんが作り出したオリジナルのラーメンやつけ麺を初めて口にして、リピーターになってくれる人が国境を超えて広がっているんですね。

真介　山ノ内町への出店もそうですが、ここ数年はさまざまな変化に振り回されてきたから、トロさんと過去を振り返りながら話すのは楽しいです。忘れかけていた記憶が蘇って、「自分はこんな人生を歩んできたんだ」と再確認できる。

北尾　現在進行中の仕事に追われて、ゆっくり過去を振り返る時間なんてなかなかとれないですからね。誰かに「ふだんは何してるの？」と尋ねられたら、私なら「取材して原稿書いてる」だし、真介さんは「店でつけ麵を作ってる」といった感じになるでしょう。煎じ詰めると、我々の日常は十文字に収まってしまう。

真介　でも、それってシンプルで良くないですか。トロさんは「原稿を書く」ことを四十年近く続けてきたわけでしょう。僕はそのシンプルな仕事を継続するってすごいことだと思うんです。だって、その仕事を気に入っているからこそ続けられるんですよね。僕ももうじき独立して二十年になりますけど、麵を打ったりスープを煮込んだり、ラーメンやつけ麵を作るのがイヤになったことは一度もないですもんね。

北尾　それだけ続けてきても、私はいまだにスラスラとは原稿が書けない。だから、真介さんが「今日はいいぞ」と唸るスープはめったに作れない、と話しているのを聞いて少し安心しました。きっと、長続きの秘訣は、うまくいかないところにこそあるんじゃないかと思えたんです。目をつぶっていてもできるようになったら、きっと楽しくなくなる……負け惜しみかな。

真介　いいえ、僕もそう思います。正解がないことを追求するから楽しいんで、簡単なことをラクにやったらとっくに飽きてますよ。

北尾　私は「書きたいものがなくなる」のが最大の恐怖で、そうなったときが筆を置くときだと思っています。

真介　そう考えると、復刻版メニューも含めて、僕にはやらなくてはならないことがまだまだ残されているなあ。

北尾　真介さんはときどき、「リゾートに別荘でも建ててのんびりしたい」と言いますけど、あれは本音ですか？

真介　もちろん当分は現役でいたいですよ。でも、やるからにはいつか軽井沢に別荘を建てられるくらい繁盛させたいという、願望みたいなものですね。

北尾　東京にビルを建てる、ではないんだ。

真介　東京生まれなので都会で暮らすのが普通だと思ってきたけど、実際に山ノ内町で暮らしてみたら、自然が豊かで人情味にあふれた環境のほうが自分には合うんじゃないかと思えてきて。どうでしょう？

北尾　いやいや、そこは私に相談するのではなく家族と話し合ってください。

裁判沙汰で得たもの

北尾　一カ月間の隠遁生活を送らざるを得なかったときの経験も、山ノ内町への愛着が深まった要因ではありませんか。

真介　うわぁ、その話がここで出ますか。

二〇二二年の暮れ、真介は再びトラブルに見舞われた。なんと、元従業員からパワハラなどの被害を受けたと訴えられたのだ。身に覚えのない真介は、示談という妥協策ではなく、裁判を受けて立つことを決意する。しかし、いい加減な情報が拡散され、独り歩きすることがないとも言い切れず、風評被害の可能性に心を痛める日々が続いたのだった。

真介　僕は研修生時代にいまで言うパワハラまがいの理不尽なしごきをさんざん受けてきたので、自分は絶対にしないと決めて独立したんです。それなのに、いきなりパワハラの濡れ衣を着せられることになってしまった。僕をよく知っている人は信じてくれると思いましたが、情報が拡散されて独り歩きを始めたらどうなってしまうかわからない。すぐに弁護士に相談して名誉棄損で訴え返す方針を決めました。東京にいたら何が起きるかわからないので、あのときは弁護士のアドバイスに従って、しばらく山ノ内町へ避難することにしたんです。店にも出られず、ワンルームの部屋でひとり悶々と不安な日々を過ごしていました。

北尾　ところが、裁判が始まって傍聴に通ってみたら、出される証拠がことごとく根拠のないものだとわかって、まともな公判にもならなかった。結局、一年以上かかっても進展せず、パワハラは認定されずに幕引き。あれは何だったんだろう。

真介　やっていないのは自分がいちばんよくわかっているんですが、それでも裁判沙汰にされたことで、これまで自分や店を信用してくださっていた人たちを嫌な気持ちにさせているんじゃないかと、たまらない気持ちになってくる。自分ではどうしようもできないし、もう地獄のような日々でしたよ。

北尾　真介さんはやつれて消耗し切ってましたよね。

真介　でもね、あのとき、山ノ内町の方々はみなさん僕を信じてくれたんです。親しくしていた堀米さんだけではなく、町長から、飲食店や温泉旅館の人たちまで、みなさんが温かく接してくださいました。しばらく休業することまで考えていたのに、「そんなことしなくていいよ。無実なのはわかってるから」と僕を信用してくれました。

北尾　役所というのはどうしても世間体を気にしがちですから、もし真介さんを単なる〝町おこしの駒〟としか見ていなかったとしたら、そういう反応にならなかったでしょうね。

真介　ここには自分をちゃんと見てくれている人がいるんだと、報われた気がしたなぁ。それで、いまやるべきなのは、僕を信用してくれた山ノ内町のために何ができるかを考えることだ、と強く思いましたね。

北尾　どういうことをしようと考えたんですか。

真介　「山ノ内大勝軒」は会社のピンチを救ってくれたけど、僕にとってそれ以上に大きかったのは、わずかな期間で多くの方々との深い信頼関係が築けたことです。ほんとうに信頼できる人間関係やコミュニティとの出会いは、お金では絶対に買えない資産です。この資産を使って、町のためにできることを模索していきたいと考えました。

北尾　……。

真介　あれ、何か言ってくださいよ。僕の考えは優等生っぽくてつまらないかなぁ。でも本気でそう思ったんですよ。

「山ノ内大勝軒」が、志賀高原エリアに定着し、通年営業まですするようになった要因は、味がいいことだけが理由ではなく、山岸という守護神がいるからでもなく、町との良好な関係を築けたことが大きい。恋愛に例えるなら、お互い手探りで始まった山ノ内町と真介の関係が、フランチャイズ店の失敗や裁判騒動を乗り越えて、固く結ばれていったようなものだと思う。このとき私が黙り込んだのは、「人間関係こそが資産」だと言い切る真介に感動したからなのだ。

娘とのふたり暮らしで考えたこと

真介　山ノ内町で暮らすようになって、スタッフとはもちろん、これまで自分を支えてくれた家族との結束も固くなっていった気がします。スキーに熱中している娘は、山ノ内町の中学校に一年の三学期から転校して、連日滑りまくってスキー検定に合格してしまったほどです。

北尾　娘さんとのふたり暮らしを？

真介　そうなんです。みや子が東京の店を見ているので。

北尾　部屋のど真ん中にドーンと大きなダイニングテーブルがあるけど、あれがオヤジの居酒屋スペースにもなれば娘の学習机にもなるんだ。

真介　そうなっちゃった。部屋が狭いので、東京からみや子が来て一家が揃うと合宿所みたいですよ。店が終わるとすぐに帰宅して娘の食事も作ってます。

北尾　店長と主夫の兼任だ。娘さんも山ノ内町を気に入っていたんですね。

真介　スキーをしたいから転校させてほしいと言われたときは驚きましたよ。それまでは学校がつまらないと感じていたみたいで、「山ノ内町ならやりたいことができる」って。いつもは引っ込み思案なんですけど、そのときは自分の意思をはっきり伝えてきたんですよね。家族会議をして、「そこまで言うんだったら、やらせてみよう」となったんです。

北尾　オヤジと暮らしてでもスキーがしたいなんて、これほど強い動機はないですよ。親子関係がいいんですね。

真介　「自分で来たいと言ったんだからちゃんと歩いて通学しなさい」って、雪の中を四十分かけて通わせてます。それでもスキーが上達したいから歩く。

北尾　好きなことのためならやるよね。

真介　この商売をやっていると、旅行もできないし、週末は仕事でしょう。娘とゆっくり過ごしたことがこれまでほとんどなかったんです。娘と一緒にいられるのは僕もうれしいので、これもアリだろうと思ってます。ケンカもしますけどね。

北尾　いやー、素晴らしい。「スキーをやれ」と強制されたのではなく、娘さんが自分の意思で転校を望んだんでしょう。彼女なりに悩み、考え、親に意思を伝えた。娘さんは将来スキーの選手や指導者になるかもしれないし、限界を感じて東京に戻るかもしれない。でも、どっちに転んでも後悔はしないと思うなあ。

真介　だといいんですけど。

北尾　真介さんは、いま得難い経験をしているんです。十年後、「かけがえのない時間をもらった」とわかるから、いまから娘さんに感謝しておくのがいいですよ。

あえて巻き込まれてみる

真介　なんか、すごく実感がこもってますね。トロさんにも娘さんがいますけど、似たような経験があるんですか。

北尾　私の娘は小学校の途中から不登校の傾向が出てきました。理由は教えてくれない。そのときの私の反応は「学校なんか行かなくていいぞ」でした。器の大きいところを見せようとして、動じない大人を演じていました。でも一貫性がなくて、ときにはイライラして怒ってみたり、娘からしたら役にも立たない体験談を延々とすることもあったなぁ。

真介　どんな体験ですか。

北尾　中学二年のとき、転校した先で方言をからかわれて軽いいじめを受けて、学校で一年間、口をきかなかったことがあったんですよ。周囲に無視される空気のような存在になろうとしてね。首をギュッと引っ込めて、敵が近寄らないように防御しているカメみたいなもの。

真介　無口なトロさんなんて想像できないなぁ。人に歴史あり、ですね。どうやってそこから脱出したんですか。

北尾　三年でクラス替えがあって、私のことを何も知らない前の席の同級生がしきりに話しかけてくれたので答えているうちに、普通に話せるようになっていた。友人は少なかったけど、その同級生と親友になれたことで、地獄から天国へと学校の居心地が変わった……というようなことを小学生の娘に話しても、心に響くわけがないよね。

真介　なんとか力になりたかったんでしょうけど、あまり響かないでしょうね。

北尾　娘は中学でも早々に不登校になり、一時はどうなることかと案じました。家の空気が重くて息苦しくて、私がそうなんだからカミさんもそうだろうし、本人はもっとつらい。でも、娘と過ごしていると、「学校に行かないからだめ」なのではなくて、「学校に行かないだけで、すべて普通だ」と自然に思えるようになってきたんです。学校に馴染めず、本人にも解決法がわからないなら、学校に行かなくてもやっていける方法を一緒に考えればいいいんじゃないか、って。子どもが救いを求めてきたとき、逃げずに受け止めるのが親のいちばんの役目なんだとあらためて気づかされた。

真介 娘さんをしっかりと見つめ直すことで、考え方が変わっていったんですね。

北尾 不登校児童が集まる教室があって、試しにそこに連れて行ってみたら、嫌がらずに、わりとすんなり馴染めたんです。そこから徐々に立ち直って、ついに本人が「この高校に行きたい」と自分の希望をちゃんと言えるまでになった。彼女が志望した学校が埼玉県にあったので、七年半住んだ松本を離れて引っ越すことにしました。高校へはちゃんと通ってましたね。

真介 トロさんは松本が気に入っていたでしょう。娘さんのために、自分を納得させたんですか。

北尾 いや、そういう発想はなかったですね。娘とのことで学んだのは、自分は家族の一員にすぎないということです。家族としていい選択をしようとするとき、私の個人的な感情は邪魔でしかない。真介さんは社会的には〝ラーメンの神様〟の後継者で会社の社長、「味と心を守る会」の共同代表でもあるけど、家族からすれば夫であり父親でしかないわけじゃないですか。そんなふうに、社会的な立場にとらわれずに接してくれるのは家族くらいでしょう。歳を取れば取るほどそうなってくる。

真介　とくに娘はそうですね。何の遠慮もない。

北尾　そこがいいと思いませんか。「北尾さん、サインください」なんて読者に言われていい気になっていても、家に帰れば娘の「お父さん、また髪が減ったね」の一言で一瞬にして我に返らされる。

真介　そういう会話があるって、仲のいい証拠ですよね。

北尾　真介さんはこれまで、山岸さんという絶対的な存在を信じて自分の道を歩んできたでしょう。その教えを頼りに、最終的な決断は自分で下してきたはずです。ビジネスはそれでいいけど、生活面では家族の希望に合わせたり、あえて巻き込まれることを私はお薦めしますね。もう、とにかく逆らわない。休日のプランなんかも、任せられるところは全部任せてそれに従うんです。

真介　それにはどんなメリットがあるんですか。

北尾　自分では考えもしないアイデアや情報の宝庫なんです。年代差がある娘さんの興味を知ると時代の最前線に触れられる。歳を取ると、どんどん保守的になってくるでしょう。腰も重くなって、理由がないと行動しなくなるから成長もできない。どんどん巻き込まれちゃえばいいんです。

真介　……それ、信じていいのかなぁ。

北尾　思い返せば、山ノ内町への出店だって堀米さんの熱意に巻き込まれたところから始まったんじゃないですか。

真介　なんか、説得力があるような、ないような……。

「1955モデル」でルーツに迫る

真介　僕はカツ丼の復刻後、これぞ究極と言える復刻メニュー、「1955モデル」に取り組んできました。トロさんには調査段階から同行をお願いして、試食もしてもらいましたね。

北尾　復刻には区切りをつけて経営に集中する時期に入ったと思った矢先のことだったので、まだ先があったのかとちょっと驚きました。でも、そもそも「1955モデル」ってなんですか？　昔のメニューにも載っていないし、暗号みたいな呼び方ですよね。

真介　「1955モデル」の名称は、十七歳でラーメンの道に入ったマスターが中野「大勝軒」の店長となった一九五五年からつけたもので、マスターが自分の味に目覚めた当時にお客さんに出していたラーメンのことです。つけ麺の誕生もこの年なので、マスターを象徴する年なんです。

北尾　このメニューに関しては、山岸さんから復刻を命じられたわけではないですよね。

真介　僕が勝手に復刻しようと考えたものです。マスターは東池袋で独立後に自分の味を完成させたんですけど、それは中野「大勝軒」で作っていたラーメンの進化形なんです。その原点となった味をどうしても知りたくなったんですよ。

北尾　山岸さんのルーツは興味深いです。

真介　中野「大勝軒」の味もその後に進化したから、原点となった七十年前の味は、もうどこでも食べられない。中野「大勝軒」は荻窪の「丸長」から独立した店なので、もともとは「丸長系」のスープがベースになっているんです。その「丸長系」のルーツは何かというと、日本そばの出汁だとされている。要するに誰かひとりの手柄ではなくて、共同作業みたいな感じで進化していったスープなんですね。その進化の途中で、店長に抜擢されてスープを作るようになったマスターが「これだ！」と思った味はどんなものだったのか、そこを探ってみたくなったんですよね。

北尾　ここまでくると、もう復刻というより復元作業だ。

これまで、真介は山岸がかつて作っていたメニューの復刻を行ってきた。しかし、今回は師匠の味のルーツに迫ろうとする試みで、誰かに頼まれたものではない。弟子だから、仕事だからという使命感はなく、自分の意思でやろうとしているのだ。

「1955モデル」が完成したら記念の意味で公開はするけれど、「ヒットさせようとも、するとも思っていません」と真介はうれしそうに笑う。

この話を最初に聞いたとき、私はカツ丼の完成で復刻の主たるメニューを制覇して目標を失った真介が、自らを鼓舞するためにひねり出したアイデアなのかと思ったのだが、どうもそうではないようだ。真介は、「マスターがラーメン職人として上り詰めていく起点となったのはここだ」というポイントを探り当てたいのだ。山岸は、愛弟子の尽きない情熱を天国から眺めて、「とうとうここまで来たか」と目を細めていることだろう。

つけ麺の考案者は誰だったのか

北尾　ヤボな質問ですけど、真介さんが受け継いだ山岸さんのラーメンより、「1955モデル」は味が落ちるはずですよね。進化の過程を遡るわけですから。

真介　それでいいんです。僕が知りたいのは両者の違いであり、マスターが「1955モデル」から何を引き、何を足して旧東池袋「大勝軒」のラーメンを完成させたかなんです。

北尾　完成形はすでに作れるから、ルーツも作れるようになれば、答えがわかる。

真介　じつは、「1955モデル」を復刻しようと思ったきっかけは、マスターがつけ麺の考案者だということを疑う人がいるのを知ったことなんですよね。マスターは、冷やし中華の酸味を参考にした独自のスープを編み出して商品化したわけですけど、最初から全部自分で考えたなんて言ってないんです。著書の中でも、日本そばの「もりそば」のように汁につけて食べるという点では、おそらく「丸長」の創始者が考案者だと、先駆者へのリスペクトを込めて書いています。

それを、いまごろになって「山岸ではない」と言われたら弟子としては黙っていられないですよ。そこで僕は、マスターの名誉を守るために当時を知る人の証言を得ようと思ったんです。トロさんにもつきあってもらいましたね。

北尾　真介さんがカンカンになっているから仕方なく……。

真介　そんなこと言わないでくださいよ。僕よりおもしろがっていたじゃないですか。

山岸がつけ麺の考案者であることを確かめたい真介は、つけ麺が誕生した〝決定的瞬

間〟の目撃者を探して、中野「大勝軒」時代の山岸を知る人を訪ね歩いた。そして、なんとしても師匠の名誉を守ろうとする愛弟子の執念が実り、山岸の後輩に当たる人物を発見。証言を得ることに成功するのだ。

真介　結局、中野時代にマスターと一緒に働いていた後輩から、「そのまかないを食べさせろ」「売り物じゃないからだめだ」と言い合っている常連客とマスターを目撃したという証言がとれたんですよね。それが契機となって、マスターは売り物になるレベルにまで味を高めて商品化した。その後輩は、中野で生まれたメニューだから考案者は山岸さんで間違いない、と断言していました。

北尾　そこでは、つけ麺談義にも花が咲きましたね。

真介　そうそう。マスターが独立後に完成させたつけ麺には砂糖が入っていたけど、当時の中野には砂糖を使うメニューがなくて、入っていなかっただろうと。

北尾　当時、砂糖はまだ高級品で値段が高かったので、みりんなどで工夫していたと言ってました。

真介　出汁の取り方も違っていて、中野では豚骨と鯖節ブレンド、鶏ガラを使い、昆布は入っていなかった。マスターは池袋へ行ってからエキストラート（固形の化学調味料）をガンガン使ったとも言ってました。

キーマンは山ノ内町にいた

真介　話の流れで、代々木上原でのマスターの先輩で、独立してしばらく店をやったあと、故郷の山ノ内町に戻った職人がいたことも話題に出ました。

北尾　真介さんは「え、山ノ内町にそんな人が」と食いついてましたね。

真介　山ノ内町の人というのが気になったんです。名前を聞いたら、山本富治さんという方でした。ご健在ならぜひお会いしてマスターのことを聞きたいと思ったんです。そうしたら……。

北尾　会えたんですよね。

真介　ローカルのネットワークってすごいんですよ。「富治さんなら元気にしているよ」とすぐに連絡先がわかっちゃった。さっそく会いに行ったらすごく喜んでくれて、店にも食べに来てくれたんです。

北尾　しばらくして私が山ノ内店に食べに行ったら「すごい人と知り合った」って興奮してましたよね。

真介　いまや富治さんは当時のマスターを直接知っている数少ない人のひとりで、マスターが中野にいた時代に代々木上原でバリバリ働いていたそうです。現役を引退して久しいですが、山ノ内店のラーメンを食べれば的確な批評もしてくれる。そんな人が身近にいるのがわかったんですから、僕の目の色も変わるってもんですよ。

北尾　富治さんに出会ったことで「1955モデル」のアイデアがひらめいたんですか。

真介　富治さんが働いていた代々木上原は、中野から始まった「大勝軒」が三年後の一九五四年に構えた本店でした。中野はマスターに任せ、主要メンバーは代々木上原に移っていったわけですが、そのとき急に味を変えたとも考えられない。つまり、富治さんは本家本元のラーメンを作っていた人なんです。そこで、復刻への協力をお願いしたら快諾してもらえた。富治さんはしょっちゅう店まで来てくれて熱心に教えてくれます。

私の知るかぎり、真介は仕事ばかりしている。店のこと、味のことでいつも頭がいっぱいだ。月に何度も東京と山ノ内町を往復し、社長業もこなすから体力、気力も使う。それでも疲れたそぶりを見せないのは、仕事の中に遊びを取り入れるのがうまいからだと私は思う。

山岸の命で行う復刻メニューの研究、山ノ内町の人たちとの積極的な交流、「1955モデル」の復元。人によっては面倒くさく感じられることを、楽しみながらやっている。

それを秘かにやるのではなく、かたちにしてお客さんに提供するのを目標に据えることで、安易な妥協を自分に許さないようにしているのだ。
マジメな堅物でいるだけではおもしろいことはできない。エンタメの要素を仕事に取り込んで日々を活性化させることが、真介の個性を生んでいる。

北尾　「1955モデル」の試食会のとき、真介さんは緊張していましたね。
真介　いい歳をして研修生の気分をまた味わうことになりましたよ。審査してくださるのが富治さんと、代々木上原の味を知り尽くした元総料理長、古谷さんというラーメン業界のレジェンドのおふたりでしたからね。トロさんは食べてみてどう感じましたか。
北尾　むき出しな感じがして、素朴だけどおいしかった。これはこれでアリだと思いました。それ以上はわからなかった。おふたりはどんな反応だったんですか。
真介　古谷さんはニコニコして「なるほど、こうきたか。代々木上原の味にはなってるよ」と言ってくれました。富治さんには「よくできてるよ」とホメられました。
北尾　じゃあ、ホッとしたんじゃないですか。
真介　ところが、翌日になって富治さんからダメ出しが入ったんです。「1955モデル」は、日本がまだ貧しく、乏しい食材しか使えない時代に、腹を減らして店に来る客をどうにかして満足させたいという意気込みで作られたラーメンなのに、「おとなしい味になっちゃってる」と言うんです。それを聞いて、僕はハッとさせられました。「ラーメンってもっとワイルドな食べ物なんだよ」と、言いたかったんだと思うんです。

北尾 おいしいかどうかが評価の基準じゃないところがいいですね。

真介 これこそは小手先の技術ではない、「心」の部分だと思うんです。店でも期間限定で出すつもりなので、もっとブラッシュアップしないとですね。

北尾 富治さんの名刺には〝名誉顧問〟の肩書きがついていました。

真介 こんなレジェンドを隠居させとくのは、うちの店にとって損失だと思ったので「〝名誉顧問〟になってください」と頼みました。マスター亡きいま、僕に「それは違うよ」と言ってくれる唯一の人ですからね。

北尾 「1955モデル」は、町中華研究の観点からも価値のある挑戦です。マスターのルーツにたどり着けたとなると、復刻はこれで打ち止めですか。

真介 マスターからの宿題としてではなく、これからは自分の興味でやっていくことになるでしょうね。じつはもう「タマネギそば」に着手しています。貧しい時代にマスターが考え出したメニューなんですけど、タマネギの甘みがいい出汁になって絶品ですよ。これもメニューに加えたいなあ。

本店を再開するにあたっての悩み

北尾　二〇二四年は「お茶の水、大勝軒」にとってさまざまな出来事が重なった年になりました。なかでも最大のニュースは本店の復活でしょう。これがまた、マンガみたいなおもしろい話で。

真介　借りていた建物の老朽化による取り壊しで休業中だった本店を、いつどういうかたちで再開するかは懸案でした。いつか決断しなくてはならないと思いながらも山ノ内町への出店でバタバタして、つい先延ばしになっていたんです。その時点で「山ノ内大勝軒」「大塚大勝軒」「お茶の水、大勝軒 BRANCHING」「大勝軒 next 勝浦店」の四店舗を経営していて、本店を新たにオープンするとなると計五店舗。拡大路線はやめることにしたので、本店を再開するならどこか一店舗閉めるべきなのか、だとしたらどこなのか、そんなことをずっと考えていました。

北尾　経営者の悩みは尽きない。

真介　現状維持の四店舗だけでも経営的にはうまく回せたんでしょうが、本店がないままで行くのも中途半端だという思いがありました。

北尾　また夜道を歩く時間が増えてしょうがない。

真介　そうなんですよ。売り上げ面で大黒柱となった山ノ内店を本店に昇格させる手もあるんでしょうが、僕の中ではどうもしっくりこなかった。

北尾　経営者になって二十年を迎えようとする人の「しっくりこない」は「やめておけ」のサインです。

真介　やっぱりそうですよね。それで、僕は「いい物件があれば考える」ことにしようと決めました。かつて本店があった神保町界隈を中心に、良さそうな物件があれば教えてほしいと不動産屋に声をかけたんです。

北尾　なにか具体的な目的がないと、なかなかそこまで思い切った動きには出ませんよね。「1955モデル」のお披露目を本店でしたかったとか？

真介　じつは、二〇二五年は、マスターの没後十年であり、つけ麺誕生七十周年の節目に当たる年でもあるんです。それまでに本店を決めたいという思いが強くありました。

北尾　私が本店の再開計画を聞かされたのは、二四年の春に神保町の居酒屋で飲んでいたときでした。

真介　どんな言い方をしましたっけ。忘れちゃったなぁ。

北尾　あらかた料理を食べ終わった頃に、「じつはいま、休業中の本店を再開する方向で物件を当たっていて、候補地がいくつかあります」と清々しい表情で言ってましたよ。

真介　トロさんはどう思いました？

北尾　悩んでいるのはわかっていたので、とうとう方針を固めたんだなと。

真介　僕が出した結論は、本店を再開し、山ノ内店との二店舗体制でやっていく、というものでした。そして、残りの三店舗は閉める。

北尾　かなり思い切った決断ですが、その理由を聞かせてください。

真介　幸いにも、その時点で赤字の店舗はなかったんです。それぞれにお客さんもついていて、安定していました。すごい黒字を叩き出しているわけではなかったですけど。

北尾　でも、黒字経営なら決して悪くはないでしょう。

真介　はい。だからコロナ禍でも閉めなかったんです。ただ、いまはよくても先々を考えると不安要素が多い。うちの店には業界でもレジェンドの域に達しているベテランの職人が多いでしょう。そうすると、ずっと働いてほしくても、体力的な限界がありますよね。もうみんなかなり高齢ですから。僕だって五十代以降は体力が落ちて、東京と山ノ内町を月に何度も往復するのがしんどくなるはずです。

北尾　高齢化によるスタッフの減少がそう遠くないうちに起きるのであれば、いまのうちに手を打っておくということですか。

真介　それも理由の一つです。もう一つには、太い柱の山ノ内店とそこそこの三店舗でやっていくのと、本店と山ノ内店の太い二本柱でやっていくのとでは、総売り上げでは前者が多くても、家賃などの経費を除く利益は、むしろ後者に分がある。それで、いまリスクを取って本店を再開し、勝負を懸けてもいいんじゃないかと考えたんです。
北尾　スタッフはどうするつもりだったんですか。
真介　自分なりに腹を決めてスタッフと話し合いました。最終的には、スタッフがひとり退職しましたが、あとは残ってくれました。レジェンドたちには本店に来てもらって、より強力な布陣を敷こうと考えました。「これからはシンプルに商売をしていこう」と気持ちが定まりましたよね。

最高の物件との奇跡的な出会い

ハイペースでグラスを空にしながら、居酒屋での真介は饒舌だった。さらりと説明されたが、赤字でもない店を三店舗も閉めるのは大きな決断であり、勇気がいったことだろう。本店の復活にこだわらなければとてもできないことだ。

さてはいい物件が見つかったのではないか、と勘ぐっていると、案の定、真介が「紹介された物件が二カ所あって、どちらもいいので迷っているんです。これから見に行きませんか」と言い出すではないか。

いつもの、九十九％決めた後で相談するパターンだ。しかし、外はもう真っ暗なのである。こんな状況で意見を求められても困るな、と私は思っていた。

北尾　最初に神保町のさくら通りにある物件に連れて行かれたんですよね。三省堂書店のすぐ近くで、なんといっても立地が素晴らしかった。それで、私が「ここならランチタイムは大行列だね」と言ったら、真介さんは「そうかなあ」「もう少し広ければ……」と歯切れが悪い。こんな好条件なのにどこが気に入らないんだろうと思っていたら、次の物件に行こうと急かすじゃないですか。

真介　トロさんを早く驚かせたかったんですよ。

北尾　それで次に連れて行かれた靖国通り沿いの物件というのが、なんと、以前に本店があった場所に建て直されたビルの一階でした。

真介　「真打ち登場！」です。これ以上に理想的な物件はない。

北尾　家賃は高そうでしたけど、広くて、建物も新しい。「意見を聞きたいなんて言ってたけど、気持ちはもうここで固まってるな」とすぐにわかりました。

真介　だってそうでしょう。以前の本店に近い神保町界隈で探していたら、まさにその同じ場所が出てきたんですよ。

北尾　すごい確率ですよね。

真介　不動産屋から送られてきた物件の住所を見たときは、マスターの導きだと信じて疑いませんでした。「真介、本店を再開するならここしかないよ」という声が聞こえてきましたもんね。

二〇二四年七月六日、「お茶の水、大勝軒」は以前と同じ場所で営業を再開。食券を買って注文するスタイルに加え、食べ終わった食器を返却棚に戻すセルフ制を導入した。当初はテーブル席のみだったが、常連客の要望に応えてカウンター席も設置。奥の厨房から店の全体を見渡せて、客にとってもスタッフにとっても風通しの良い店として新たなスタートを切った。

北尾　その後、すぐ契約して内装工事に入り、同時進行で三店舗を閉店。瞬く間にプレオープン、そして本店再開。頼りになる大先輩がズラッと立ち並ぶ広い厨房で、真介さんは終始落ち着いているというか、幸せそうに見えました。

真介　〇六年に独立して、最初の店をオープンした日のことを思い出してました。みや子はぶんむくれて実家に戻っちゃうし、スタッフも開店前日に辞めて、やっていけるのか不安しかなかったあの日です。でも、それでもお客さんは来てくれた。だから今回も絶対に大丈夫だって思えたんですよね。

北尾　お客さんも順調に入っているみたいですね。

真介　ありがたいことに本店の客層は広くて、マスターのことなんて知らない若い子や、以前の本店が好きだったという女性が子連れで来てくれたりもするんですよ。マスターの功績はいろいろあるけど、時代も世代も超えて愛される味を作ったところがやっぱりすごいんじゃないかな。

教わること、教えること

北尾　真介さんは経営者として本店の再オープンをうまく軌道に乗せたわけですが、ラーメン職人として心境の変化はなにかありましたか。

真介　「初心に戻ろう」と気持ちを引き締め直しましたね。これほど愛される食べ物を、マスターとほぼ同じように作れるのが自分だけだとしたら責任は重い。なまけちゃいけない。

北尾　ただ、働きすぎもいけない。家族との時間もこれまで以上に大切にしてほしいです。

真介　最近、いつもそれを言いますね。

北尾　うちの娘の就職が決まったんですが、これで完全に手を離れると思うと寂しくてね。真介さんもいずれ私の気持ちがわかる日が来ます。それまで、なるべく時間の贅沢をしてください。

真介　たしかに、これまで店の経営とマスターの味を守ることだけに専念して走り続けてきたので、どうしても家族との時間をゆっくり持つことはできませんでした。パートナーとして一緒に走り続けてくれているみや子や、いつも忙しくてなかなか一緒にいることのできなかった娘に、もう少しちゃんと向き合う時間を持たなくてはならないとは感じます。

北尾　真介さんは職人として、マスターのオリジナルの味を追求し、確立しつつあると思います。独立してからも成長し続けている。その一方で、今度は自分が人を育てる番だとは思いませんか？

真介　痛いところを突いてきますね。

北尾　私は間近で真介さんの仕事ぶりを見ていて、〝教わり上手〟だけど、いまのところまだ〝教え上手〟ではないんじゃないかと感じていました。技術にしろ、考え方にしろ、すべてマスターが基準となっているのでレベルが高くて、それを誰かに伝えるのがすごく難しいでしょう。

真介　そうなんです。教えようとはしているんですが、言いたいことの真意が言葉ではなかなかうまく伝わらない。でも、トロさんにそんなことを感じさせる場面ってありましたか？

北尾　以前、「BRANCHING」で働くスタッフが、真介さんが山ノ内に専念して不在の間に、つけ麺の盛りつけ方をいまどきのちょっとおしゃれな感じに変えたことがありました。それを知ったとき真介さんが、「そんなの必要ないからやめろ。麺をきれいに整えたり海苔を立てたりしたら『大勝軒』じゃなくなっちまうんだ」と叱り飛ばすのを見ました。

真介　自分がちょっといない間に「なんで勝手なことをするんだ」って腹が立ったのを覚えてます。「麺はなるべく手で触るな」がマスターの教えなので。

北尾　スタッフは「はい……」とうつむいて盛り付けを元に戻しましたが、納得しているようには見えませんでした。きっと、「きれいに盛りつけて怒られるってどういうことだ」と納得がいかなかったんじゃないかな。

真介　すべては味で勝負、見栄えで取り繕わないのが旧東池袋「大勝軒」の心意気なのに、何度言ってもわかってもらえないからイライラしちゃって。マスターなら怒鳴ったりしませんよね。なにかいいやり方がありませんか？

北尾　こればかりは自分で考えるしかない。山岸さんは著書の中で、「ラーメンを究めようと思ったら、ラーメンづくりのテクニックだけを身につければいいというものではない。ラーメンをつくる「心」を学ばなければならない」と言ってますよね。

真介　まさにそうなんです。その「心」を伝えるためには、やっぱりマスターのように地道に自分がやってみせることを積み重ねていくしかないんでしょうね。

北尾　いずれにしても、山岸さんの味の後継者を真介さんで途絶えさせずにタスキをつなぐことが、これからの仕事になっていくんじゃないかな。

真介　そうですね。いつかは自分の弟子に自信を持ってのれん分けできるような日がくればいいなあ。

北尾　そこまで含めると壮大なライフワークですよね。目指すは、つけ麺誕生百周年！

真介　えー!!　気軽に言ってくれますねぇ……。

「変えない」ことほど勇気のいる決断はない

北尾　最後にもう一度聞かせてください。真介さんはどうして、山岸さんの味を守ることにここまでこだわるんですか？「おまえだけは味を変えるな」と言われたから、だけですか。

真介　最初はどうして自分だけが守れと言われるんだろうって疑問を抱きつつも、それでうまく行くならラッキーなのかもしれないと思っていました。ところが、実際にやってみたら、味を変えないためには、まずその味をしっかりと身につけることから始めなくてはなりませんでした。それはとても短期間でできることではないとわかってきた。

ただ、その過程で復刻メニューの研究などを通して、マスターの味を見つけ出していくことが楽しくなったでしょう。仕事と真剣に向き合えば向き合うほど、マスターの味がいかにすごいのか実感できるんです。

そうなると、もう味を変えることはおろか、自分独自の味を確立したいという気持ちなんてなくなってしまう。少しでもマスターの味に近づいて、それをちゃんと残していくのが、自分にとってあたりまえのことだといつの間にか思うようになってましたね。

また、味を変えないのはお客さんの期待を裏切らないためでもあります。僕があきらめてしまったら、〝本当の大勝軒〟がなくなってしまう。僕の店が最後の砦なんですよ。

北尾　これも以前にも訊いたことですが、ラーメン職人として、いつかは〝俺の味〟でお客さんを唸らせたいと思ったことはないんですか。

真介　ないです。でも、そういう店はたくさんありますね。

北尾　山岸さんの弟子たちがのれん分けで開業した各地の「大勝軒」も、店主によって味が違い、山岸さんもそれを許していましたよね。

真介　僕以外はそうですね。

北尾　自由にやれていいなぁ、とも思わない？

真介　思わないですよ。だって、変えるのはカンタンですからね。

北尾　えっ……？

真介　オリジナルメニューを作ってそれを「自分の味」だと主張したとしても、結局のところ自己満足で終わっちゃうところが多いんじゃないかな。あと、流行に乗っかって、いま受ければいい、儲かればいいという変わり方をしてしまうケースも結構ありますよね。

北尾　私には同じ味を提供し続けるほうが、保守的でカンタンのようにも思えるんですけど。

真介　そもそも、味を変える理由って、それ以前の味に問題があるからでしょう。客の絶えない老舗飲食店の店主が「俺の味もマンネリだな、そろそろ味を変えよう」なんて考えますかね。

北尾　どうなんだろう、優れたベースの上にオリジナリティの加わったものならアリなのかな。
真介　いずれにしても僕は、「変えない」ことほど勇気のいる決断はないと思います。
北尾　勇気がいる？
真介　食には流行があり、人の嗜好も変化していきますよね。新しい食材、調味料、いろいろ出てきます。新商品が山ほど出ては消えていく。そんな時代の荒波を、調味料の微調整くらいはするにしても基本的なところは変えずにくぐり抜けるのは、なかなかできることじゃないですよ。個人商店ともなればなおさらです。
北尾　逆に言えば、変えなくても客が来る店でないと生き残れないということですね。たしかに、長年愛されている名店は多かれ少なかれそういう面がありそうです。味への信頼感は短期間では育たない。
真介　つけ麺誕生七十周年ってそういうことなんです。いまなお当時の味が愛され続けているわけでしょう。
北尾　考案者の山岸さんは変えようと思えばいくらでも変えられたのに、それをしなかった。
真介　その間、マスターが考案した以外のつけ麺が流行った時期もありましたが、最終的には何も変えずに淡々とやってきたマスターの味が定着していったわけです。僕は子どものときにマスターのつけ麺を食べて「世界で一番おいしいものだ」と思いました。常連になっても、食べるたびに「世界で一番おいしい」のままでした。修業中もそうです。いまだって、スープがうまくできた日は「世界で一番おいしい」なんです。

北尾　初めて口にしてから四十年間、首位を独走中なのがつけ麺で、その味への信頼感は揺らぐことがない。そして、いまではその味を自分が引き継いでいるわけだ。

真介　東京本店と山ノ内店の二本柱が整いましたから、さらに磨きをかけますよ。

北尾　変えないでいるためのコツはあるんでしょうか。

真介　変わることに敏感であることじゃないかなぁ。変えないっていうのは何もしないのとは違う。いまどうなっているかに気を配って、変わっていたら元に戻さなくちゃならない。似たような日はあっても同じ日はないので、いつも正しい味を探し続けているんです。これは決してラクではない。がんばっているから変わらないんですよ。僕のなかで、「変わらない」ことと、「変えない」ことは違うんです。

北尾　変わらないことは保守的だと思っていたけど、その地道な作業のなかにこそ進化があるようにも思えてきました。

人はいくつから新しいことに挑戦してもいい。現状維持にとらわれているだけでは身動

きが取れなくなってしまう。でも、自分が自分であるための核がブレていたら新しいこともうまくいかないだろう。ラーメン職人の核は、スープであり麺。進化のためにいじるのはいいとしても、自分の味に自信が持てないまま目先を変えたところで結果は目に見えている。

「旨いものを作ってお客さんを喜ばせることだけ考えて、堂々としていようぜ」

真介が言いたかったのは、そういうことではないだろうか。

変えないことより変えるほうがカンタンだという言葉を聞いて、本店の壁に飾られている、旧東池袋「大勝軒」の前にまっすぐ並んで立つ、山岸と真介の写真が頭に思い浮かんだ。

信じるものがある人は強い

真介　僕からも尋ねていいですか。この六年間、トロさんの目に僕はどう映ってましたか。

北尾　私は真介さんが山ノ内町と関わりを持ったところから、折々の変化を見てきました。まず、経営者としても、職人としても、これまでに出会ったことのないタイプだったので興味を持ったわけです。最初こそ原稿を書く目的がありましたが、真介さんをとりまく変化があまりにも激しいので、取材の枠を超えてちょこちょこ現場に顔を出すようになっていきました。

真介　一向に書く気配がないので、「この人どうするつもりなのか」と思ったときがありましたよ。

北尾　なんといっても、山岸さんの影響の大きさに驚かされました。節目になると山岸さんが真介さんを助け、導く。私には偶然に思えることでも、真介さんは違う感じ方をします。信じるものがある人は強いと思い、自分にはそんなものがあるだろうかと自問自答してうなだれることもあった。じゃあ宗教っぽいかというとそうでもない。山岸さんと同化して、うまく共鳴しているように見えるときもあれば、経営に関しては影響を受けずにやっている。

真介　取材を重ねてもらったことで、僕にとってマスターがいかに大切な存在であるかは少しづつ理解してもらえたと思っています。トロさんには、「脳内会話がまた始まった」なんて突っ込まれましたけどね。

北尾　この六年はコロナ禍や出店トラブル、裁判沙汰も含めていろんな危機がありましたが、一方では店舗展開や復刻メニュー、味のルーツ探しなどがゴールに向かって収束していった。そのスリルはたまらなかったなぁ。溺れないようにロープを手でしっかりつかみながら、荒波を乗り越えようとしていつも必死でもがいている印象が真介さんにはあります。

真介　いつも、アップアップですよ。よく溺れなかったもんだ。

北尾　対話の中でも言いましたが、おもしろいことと大変なことは同時進行していて、おもしろさが大変さを少し上回っているくらいが、「生きてる」ことを実感できる瞬間なんじゃないかな。真介さんと話していて、そのことがあらためてわかった気がします。

真介さんにとって、この六年間は波乱万丈ではあったけど、その意味では充実していたとも言える。懸案だった本店を再開させて、いまやつけ麺誕生七十年を迎える準備にまい進しているわけですからね。

真介　さっき、トロさんはここから、つけ麺誕生百周年を目指せと言ってましたよね。いったい、僕のゴールはどこにあるのか……。

北尾　あれ、いつの間にか新たなスタートの話になってしまった。

真介　まあ、そのほうがいいです。ラーメン屋にゴールなんかいらないんだから。スープや麺と真剣に向き合って、自分が日々するべきことをシンプルに繰り返していくだけです。それより、トロさんはまだ復刻版たまねぎそばを食べていませんよね。

北尾　どうやら、我々のつきあいにもゴールはなさそうです。近々、試食にうかがいます。また会心のスープで迎えてください。

特製もりそば
大勝軒
☎ 981-9360
KIRIN

エピローグ

「旨かった。正式メニューにしてはどうかと言いたくなる完成度でしたよ」

復刻版たまねぎそばを食べ終えた私は大満足で箸を置いた。麺を少なめで注文したのに、それでも満腹だ。

「たまねぎを丸々一個使っているから、スープに甘みが溶け込んでいるんです。日本が貧しくて、野菜を贅沢に使えない時代に、たまねぎだけでここまで味に変化を与えたマスターはすごいですよね。で、今日はいい話がまだあるんです。「１９５５モデル」に完成のめどが立ちました」

二〇二五年はつけ麺誕生から七十年の節目。真介はそれを記念して、当時のラーメンとつけ麺を復活させるプランを練っているという。

「あとは、富治さんやうちのスタッフに食べてもらって最後の仕上げをします。それで、トロさんにも試食してほしいんですよ。一週間後に店まで来てもらえませんか」

そんなわけで、私はすでに「１９５５モデル」がどんなものかを知っている。ラーメンは、以前に「山ノ内大勝軒」で食べた試作の初期段階より野性味を増し、つけ麺は甘さ控えめで和風テイストが強くなったように感じた。山岸がそこからどんな工夫をして改良を重ねていったのかをイメージしながらの、まさに歴史を味わうオリジナルな一杯である。

復活は期間限定とのことだが、真介にとって思い入れの深い「1955モデル」だけに、ここ一番でのメニュー化も十分に考えられる。原点の味をモノにした真介が、この先どこまで師匠の域に迫れるのか、私も引き続き注目していきたいと思う。

あとがき

本書は当初、真介を主人公とするノンフィクション作品にするつもりでした。ところが、書いても書いてもうまくまとまらない。悶々とするなか、つぎつぎに新しい出来事が起きるかと思えば、裁判騒ぎでピタリと動きが止まることもあって、着地点が見えなくなり、投げ出す寸前の気分になったときもありました。

それで、考えてみたんです。この田内川真介という男を描くとき、最大のカギとなるのはなんだろう。そうしたら、ポンと頭に浮かんだのが師匠である山岸一雄の存在でした。私が書くべきなのは、若きラーメン職人が活躍するヒーロー物語ではない。ごく普通の人間が、〝ラーメンの神様〟に弟子入りすることで変わり、試行錯誤しながらも自分の道を確立しようとする姿だったんだと腑に落ちました。

どうやら、〝ラーメンの神様〟が私にも「真介のことは放っておけない」と助け舟を出してくれたようです。

ということで、それまでの取材で得た情報をいったん忘れ、真介との対話で構成したのがこの本です。山岸という傑物や、その味を受け継ぐ真介に興味を持たれる方はもちろんですが、いまの生活に息苦しさを感じている人や、これから本格的な人生を歩もうとする若い読者に読んでもらえたらうれしいです。

途中で何度か私が長々と喋り、「あなたの話はいいんだよ」と思われそうですが、そこはまぁ、真介に刺激されて熱くなっているなと笑って読み飛ばしていただければ幸いです。

取材ではたくさんの方々のお世話になりました。真介さん、みや子さんをはじめ田内川家のみなさん、「お茶の水、大勝軒」のスタッフたち、「丸長のれん会」の坂口会長、山ノ内町役場の堀米さん、山本富治さんをはじめとするラーメン業界を盛り立ててきた大先輩諸氏など、数え上げたらきりがありません。家族や友人からのアドバイスも貴重なものでした。また、執筆に際しては、これまで何冊もコンビを組んできた文藝春秋の森正明氏のサポートを受けました。この場を借りてお礼申し上げます。

二〇二五年一月末日

北尾トロ

北尾トロ（きたお・とろ）
ノンフィクション作家。1958年福岡県生まれ。2014年、失われつつある街の中華屋について考え、記録すべく町中華探検隊を結成。隊長として全国の中華屋を巡り、「町中華」というジャンルの火付け役となる。他にも、裁判傍聴や自らの猟師活動など、幅広いテーマでの執筆活動を続けている。著書に『裁判長！ここは懲役４年でどうすか』、『夕陽に赤い町中華』、『ツキノワグマの掌を食べたい！――猟師飯から本格フレンチまでジビエ探食記』、『人生上等！未来なら変えられる』など多数。

ラーメンの神様《かみさま》が泣《な》き虫《むし》だった僕《ぼく》に教《おし》えてくれたなによりも大切《たいせつ》なこと

「お茶《ちゃ》の水《みず》、大勝軒《たいしょうけん》」田内川真介《たうちがわしんすけ》の変《か》えない勇気《ゆうき》

2025年3月14日　第1刷発行

著　者　北尾《きたお》トロ
発行者　大松芳男
発行所　株式会社　文藝春秋
〒102-8008 東京都千代田区紀尾井町3-23
電話　03-3265-1211
印　刷　理想社
製　本　大口製本
組　版　ローヤル企画

ISBN978-4-16-391957-7　Printed in Japan